AF600748

50 sensationelle Schweizerinnen

Geschichten, die du kennen solltest

Widmungen

Für meine Mutter Heidi, meine Schwester Sibylle und meine Tochter Hannah – drei sensationelle Schweizerinnen! (AL)

Für Asier, der mich immer dazu anspornt, meinen Träumen zu folgen. Und für all die sensationellen Frauen in meinem Leben – wir halten zusammen, sind stolz darauf, wer wir sind und was wir erreicht haben, und stehen bereit, die nächste Frauengeneration noch weiter zu bringen. (AN)

Für Andy, Julia, Mom und Dad, die immer an mich geglaubt haben. In liebevoller Erinnerung an Nelly, Silvia, *Grossmami* und *Grossmüeti* – sensationelle Schweizerinnen, die mich inspiriert haben. (BN)

Für meine Töchter Emma und Elodie, die dabei sind, die sensationellsten Schweizerinnen zu werden. (KH)

Für Sue Delarue – meine kalifornische Mutter und die Grossmutter meiner beiden sensationellen jungen Schweizerinnen. (LT)

Für all die hartnäckigen Frauen, die mich weiterhin jeden Tag inspirieren. Für meine Mutter Eliane und meine Grossmutter Jeanne. In liebevoller Erinnerung an meine Patin Jocelyne. (ML)

2. Auflage, 2022, Bergli Books (ein Imprint von Helvetiq)

50 sensationelle Schweizerinnen: Geschichten, die du kennen solltest ISBN 978-3-03869-105-1

Aus dem Englischen übersetzt von: Cristina Jensen, Maria Neversil, Gerlinde Schermer-Rauwolf, Jennifer Dieter, Anne Rüsing und Anna Marcus-Parker.

Bergli Books wird vom Bundesamt für Kultur für die Jahre 2021–2024 unterstützt.

Englische Ausgabe: *50 Amazing Swiss Women: True Stories You Should Know About* 978-3-03869-104-4
Französische Ausgabe: *50 Suissesses sensationnelles: des histoires vraies à découvrir* 978-3-03869-106-8

Gedruckt in der Tschechischen Republik.

www.bergli.ch

50 sensationelle Schweizerinnen

Geschichten, die du kennen solltest

VON
LAURIE THEURER
KATIE HAYOZ
ANITA LEHMANN
ALNAAZE NATHOO
UND
BARBARA NIGG

ILLUSTRIERT VON
MIREILLE LACHAUSSE

50 sensationelle Schweizerinnen

NINA BURRI • Die Schlangenfrau 9

MARIE HEIM VÖGTLIN • Die Frau, die trotz allem Ärztin wurde 10

ABASSIA RAHMANI • Die Frau, die sich nicht aufhalten lässt 13

ANNEMARIE SCHWARZENBACH • Die Frau mit dem Mut, sich selbst zu sein 14

CARLA DEL PONTE • Die Frau, die Gangster erschreckt 17

REGULA ENGEL-EGLI • Die Frau, die auf dem Schlachtfeld zu Hause war 18

NICOLE PETIGNAT • Die Unparteiische 21

EMMA JUNG-RAUSCHENBACH • Die brillante Psychoanalytikerin 22

MARIE-PAULE KIENY • Die Frau, die Füchse impfte 25

NADJA SCHMID • Die Frau mit der Lust am Leben 26

ELISABETH KÜBLER-ROSS • Die Frau, die ihr Leben den Sterbenden widmete 29

PETRA SPRECHER • Die Frau mit dem Faible für Gefahr 30

SUSANNE BICKEL • Die berühmte Ägyptologin 33

CHARLOTTE BLATTNER • Die Frau, die Leben schützt 34

GERMAINE DE STAËL • Die Frau, die es mit Napoleon aufnahm 37

JACQUELINE URBACH • Die Frau, die in die Zukunft blickte 38

ELISABETH BAULACRE • Die Frau mit dem Riecher fürs Geschäft 41

MARGRIT RUSTERHOLZ • Die Frau, die Gas gibt 42

TILO FREY • Die Frau, die Barrieren durchbrach 45

SOPHIE TAEUBER-ARP • Die Frau mit der unerschöpflichen Kreativität 46

MARGRIT LÄUBLI • Die Königin des Kabaretts 49

JOSEPHINE CLOFULLIA • Die Frau mit dem Bart 50

SIMONE SCHWEGLER • Die Frau, die gerne improvisiert 53

CLOTILDE BRESSLER-GIANOLI • Die Frau, die das Singen liebte 54

MARIE-CLAIRE GRAF • Die Frau, die sich fürs Klima einsetzt 57

MARTHE GOSTELI • Die Frau, die Frauengeschichte schrieb 58
ROCIO RESTREPO • Die Frau, die in der Schweiz ihren Platz fand 61
MARIA-THERESIA ZWYSSIG • Die Frau, die weiter geht 62
KATHARINA SAMARA-WICKRAMA • Die Frau, die Frauen zu einer Stimme verhilft 65
ELLA MAILLART • Die Frau, die Abenteuer liebte 66
ANNA WECKERIN • Die Frau mit dem Mut für ein besonderes Kochbuch 69
RUTH DREIFUSS • Die erste Schweizer Bundespräsidentin 70
EVA NIDECKER • Die Frau, die die Zukunft der Fitness prägt 73
MARGRITH BIGLER-EGGENBERGER • Die erste Bundesrichterin der Schweiz 74
EMILIE GOURD • Die Frau, die für das Frauenstimmrecht kämpfte 77
MARIE GROSHOLTZ • Die Frau mit den lebensechten Wachsfiguren 78
CATHERINE PERREGAUX DE WATTEVILLE • Die Frau, die für den Sonnenkönig spionierte 81
JRÈNE LIGGENSTORFER • Die Frau, die dicke Brummer fuhr 82
MARTINA HINGIS • Die Spitzentennisspielerin 85
ANGELA ZILTENER • Die Frau, die mit Delfinen taucht 86
TINA TURNER • Die Königin des Rock'n'Roll 89
HÉLÈNE REY • Die Frau, die auf ihre Rechte pochte 90
ANGELIKA KAUFFMANN • Die weltberühmte Malerin 93
NADIA ISLER • Die Frau, die Brücken baut 94
MANUELA OPPIKOFER • Die Frau, die nicht mehr auf sich herumtrampeln lässt 97
FRANZISKA DOSENBACH • Die Frau, die ein Schuhimperium aufbaute 98
SUSANNA ORELLI-RINDERKNECHT • Die Frau, die Kaffeetrinken cool machte 101
IRIS BOHNET • Die Frau, die Ungleichheiten ausgleicht 102
CÉCILE BIÉLER-BUTTICAZ • Die erste Schweizer Ingenieurin 105
EVELINE HASLER • Die Frau, die literarische Denkmäler setzt 106

Vorwort

Als ich mir vornahm, ein Buch über sensationelle Schweizerinnen zu schreiben, ging ich davon aus, dass ich solch inspirierende Frauenbiografien mühsam zusammensuchen müsste. Welch ein Irrtum! Man stolpert überall darüber. Je gründlicher ich mich umschaute, desto mehr entdeckte ich. Im Handumdrehen hatte ich eine viel längere Namensliste beisammen, als ich sie je hätte abarbeiten können, wenn ich zu jeder Frau selbst recherchiert, sie interviewt und einen Artikel geschrieben hätte. Es galt also, ein Autorinnenteam zusammenzustellen.

Wir gingen zu fünft an die Arbeit, recherchierten zu den bereits verstorbenen Frauen und interviewten die lebenden. Wobei wir eine interessante Beobachtung machten: Die meisten Frauen, die wir bewundernswert und in so vielfacher Hinsicht inspirierend fanden, schienen sich gar nicht als etwas Besonderes zu fühlen. Sie sahen sich schlicht als Menschen, die sich dem gewidmet hatten, was ihnen am Herzen lag, ohne zu merken, wie faszinierend ihre Lebensgeschichten waren! Meiner Meinung nach war eben das der allerbeste Grund, sie in diesem Buch zu porträtieren.

Die fünfzig Frauen, die hier vorgestellt werden, sind eine Auswahl und keine Rangliste. Doch immerhin ist diese Sammlung von höchst unterschiedlichen, erstaunlichen Frauenbiografien, die wir übereinstimmend in diesen ersten Band aufgenommen haben, ein Anfang. Allerdings gibt es sehr viel mehr einzigartige Lebensgeschichten, die erzählt werden müssten. Deshalb laden wir dich ein, uns auf den Social-Media-Kanälen mit weiteren sensationellen Schweizerinnen bekannt zu machen.

Ich hoffe, die von uns ausgewählten Porträts in «50 sensationelle Schweizerinnen: Geschichten, die du kennen solltest» gefallen dir und inspirieren dich. Sie sollen ins Licht rücken, wie stark, wie vielfältig und wie findig diese bemerkenswerten Frauen sind oder waren. Und dir zeigen, wie viele unterschiedliche Möglichkeiten es für uns alle – auch für dich! – gibt, sensationell zu sein.

Laurie Theurer
Januar 2021
Instagram: 50_amazing__swiss_women
Facebook: @50amazingswisswomen

Nina Burri

Die Schlangenfrau

*** 1977**

Nina Burri weiss noch, wie sie das erste Mal auf ihrem Kopf sass. Sie lag auf dem Bauch, griff nach hinten über ihren Rücken und hob die Füsse hoch, bis ihr Gesäss auf ihrem Hinterkopf lag. Der «Kopfsitz» ist eine der schwierigsten Verrenkungen, die es gibt. Aber sie hatte es geschafft!

Mit eiserner Disziplin fing Nina schon als sechsjähriges Mädchen an, Ballettunterricht zu nehmen. Weder Mutter noch Vater waren Artisten, aber sie unterstützten ihre Tochter und schickten sie an Ballettschulen in ihrer Heimatstadt, Bern, Basel und später ins österreichische Graz. Die Welt des Balletts war anspruchsvoll, die Konkurrenz gnadenlos, und man erwartete Perfektion. Nina machte viel falsch, und ihre Lehrer waren sehr streng. Immer wieder musste sie Bewegungen neu erlernen und endlos üben. Als Nina im Jahr 2000 beim Staatstheater Saarbrücken in Deutschland als Tänzerin arbeitete, wurde ihr endlich bewusst, dass die Welt des Tanzes ihr zu perfektionistisch war und ihr viel von ihrem Selbstvertrauen geraubt hatte.

Es war höchste Zeit für einen Neuanfang. Als grosser Zirkus-Fan träumte Nina davon, eine One-Woman-Show auf die Beine zu stellen, wo sie Ballett mit Akrobatik verbinden konnte. Eine aussergewöhnliche Show!

Da in China einige der besten Akrobatikschulen zu finden sind, machte sich Nina auf nach China! Sechs Monate lang trainierte sie bei der Pekinger Akrobatikgruppe, um Kontorsion und Chinesisch zu lernen. Mit dreissig Jahren war sie mit Abstand die Älteste, die anderen Schüler waren grösstenteils Kinder und Zirkusartisten, die schon ihr Leben lang Akrobatik und Kontorsion praktiziert hatten. Nina hatte erst zwei Monate Übung, aber sie wollte unbedingt mithalten – und dehnte, drehte und verrenkte ihren Körper bis zu acht Stunden pro Tag.

Nina befürchtete, dass ihr Körper schon zu alt war, um sich so zu verrenken, und dass Verletzungen sie dazu zwingen könnten, aufzugeben. Doch je länger sie trainierte, desto grossartiger fühlten sich die Verrenkungspositionen an!

Ende 2007 kehrte Nina in die Schweiz zurück; bereit, einen Tanz- und Kontorsions-Akt zu erschaffen, mit dem niemand in der Schweiz mithalten könnte. Voll wiedererlangter Zuversicht in sich selbst und ihre Fähigkeiten machte sie an Talentwettbewerben in der Schweiz, Frankreich, den USA mit und wurde als «Schlangenfrau» berühmt. Sie trat im Zirkus auf, spielte in Filmen und war Model für *Vogue*.

2018 gab Nina ein Fotobuch mit dem Titel *Body in Motion* heraus, ein Buch, das die natürliche Schönheit und faszinierende Beweglichkeit des menschlichen Körpers aufzeigt und zelebriert. Auch Ninas neu gefundenes Selbstvertrauen in ihre aussergewöhnliche Kunstform kommt darin zum Ausdruck.

«Tu, was du schon immer tun wolltest, und frag andere nie um ihre Meinung!»

Marie Heim Vögtlin

Die Frau, die trotz allem Ärztin wurde

1845–1916

Wo immer sie in der Leipziger Universität hinging – in den Hörsaal, in den Operationssaal, in die Klinik –, verfolgten Marie Vögtlin Pfiffe, Buhrufe und Beleidigungen. Als einzige Studentin unter 3700 Männern wurde sie 1873 auch während der Vorlesungen schikaniert und bedrängt. Oft wurde es so schlimm, dass die Professoren sie in einem Nebenraum bei offener Tür den Vorlesungen lauschen liessen.

Sechs Jahre zuvor hatte sie ihr gesamtes Studium hinter verschlossenen Türen erledigt. In den späten Nachtstunden, wenn ihr Vater schlief, lernte die einundzwanzigjährige Marie in Bözen, Aargau, heimlich Latein, Mathematik und Naturwissenschaften. Sie wusste, dass ihr Vater das nicht gutheissen würde, aber Marie wollte Medizin studieren.

1867 erlaubte die Universität Zürich zum ersten Mal Frauen den Besuch von Vorlesungen, aber die, die das taten, waren allesamt Ausländerinnen. Als Marie im folgenden Jahr ihre Absichten mitteilte, war das ein Skandal. Eine Schweizerin wollte an die Universität gehen! Um Ärztin zu werden! In den Zeitungen erschienen Artikel, die sie als kriminell und psychisch labil bezeichneten. Es hiess, Frauen seien zu willensschwach, um Medizin zu studieren. Marie würde ihnen allen das Gegenteil beweisen.

Auch wenn er anfangs Zweifel hatte, stand ihr Vater schliesslich voll und ganz hinter Marie. Obwohl sie erwachsen war, brauchte sie als Frau seine Erlaubnis, um zu studieren. Dank seiner Unterstützung wurde sie 1868 an der Universität Zürich zugelassen. Sie schloss ihr Medizinstudium ab und spezialisierte sich anschliessend in Leipzig auf Gynäkologie (Frauenheilkunde). Obgleich sie auch dort schikaniert und verspottet wurde, gab sie nie auf. Marie wurde 1874 offiziell die erste Ärztin der Schweiz.

Die Erlaubnis zur Ausübung der ärztlichen Tätigkeit konnte sie jedoch erst erhalten, als ihr Vater erneut sein Einverständnis gab. Marie eröffnete daraufhin eine gynäkologische Praxis in Zürich. Ihr Einsatz und ihr Wunsch, allen Frauen, von den ärmsten bis zu den reichsten, zu helfen, machten sie sehr beliebt. Schon früh am Morgen standen die Frauen vor ihrer Praxis Schlange. Sie nahmen ihr Mittagessen mit, denn oft war die Schlange so lang, dass sie stundenlang warten mussten. Wohlhabende Frauen bezahlten sogar ärmere Frauen dafür, dass sie für sie einen Platz in der Schlange frei hielten!

Trotz ihres Erfolges wurde sie, weil sie eine Frau war, von den Zürcher Behörden immer noch wie ein Kind behandelt. Als sie 1875 heiratete, musste ihr Mann seine schriftliche Genehmigung geben, damit sie weiter als Ärztin arbeiten konnte! Marie bekam zwei Kinder und arbeitete weiter, trotz des gesellschaftlichen Drucks, ihre Arbeit der Familie wegen aufzugeben.

1901 half Marie, eine Krankenpflegeschule und die erste Frauenklinik der Schweiz zu gründen. Die Klinik war für Frauen, wurde von Frauen geleitet und mit Frauen besetzt. Jahrzehntelang kämpfte Marie dafür, dass Frauen im Hörsaal neben den männlichen Studenten Medizin lernen konnten – wo sie genauso hingehörten.

«Ich kann mit meinem Skalpell genauso gut umgehen wie mit meiner Nähnadel.»

Abassia Rahmani

Die Frau, die sich nicht aufhalten lässt

*** 1992**

2016: Abassia fliegt an den Paralympischen Spielen in Rio über die Rennstrecke. Das Publikum jubelt. Sie hat kaum Erfahrung mit Blades – Sprintprothesen – und dennoch überholt sie die erste Konkurrentin. Und die zweite. Und die dritte ... Niemand hatte geglaubt, dass sie es ins Finale schaffen würde. Ausser Abassia. Und sie behielt Recht.

Als Teenager in Wila, Zürich, machte Abassia gerne Sport, aber sie träumte vom Fliegen. Als Flugbegleiterin. Mit sechzehn kam das Grounding: Abassia erkrankte an einer bakteriellen Blutvergiftung. Sie hatte unerträgliche Schmerzen und wurde daher künstlich bewusstlos gehalten. Als sie aus diesem künstlichen Koma erwachte, erschrak sie: Um ihr Leben zu retten, hatte man ihr beide Unterschenkel amputiert.

Abassia konnte es nicht fassen. Unter höllischen Qualen lernte sie nach und nach, mit Prothesen zu laufen. Ihre Muskeln brannten, und die Haut an den Amputationsstümpfen war schon nach fünf Minuten wund gerieben. Eines Tages sah sie einen jungen Mann eine Treppe hinaufsteigen. Er hatte beide Beine verloren und seine Knieprothesen machten ihm beim Treppensteigen viel mehr Mühe als ihre Unterschenkelprothesen. «Wenn er das kann, kann ich es auch», dachte Abassia. Und lernte es.

Fünf Jahre später hörte sie von einem Jogging-Workshop für Prothesenträger. Beim zweiten solchen Workshop liess Heinrich Popow, Goldmedaillengewinner an den Paralympics, sie Sprintfedern testen – ultraleichte Prothesen für Läuferinnen und Läufer. Mit Alltagsprothesen rennt man wie in Skischuhen. Mit Sprintfedern konnte Abassia fliegen!

Ein Jahr lang sparte sie eisern. Dann hatte sie 14'000 Franken für ihr erstes Paar Sprintfedern beisammen. Aber in der Schweiz gab es niemanden, der sie trainieren konnte. So ging sie zur Leichtathletik-Vereinigung Winterthur. Ihr Coach hatte noch nie zuvor Sprintfedern gesehen, aber er und Abassia stellten sich der Herausforderung.

Nach zwei Wettkampfjahren entschied sie sich für Rio, trotz Warnungen, dass sie noch nicht so weit sei. Da wollte Abassia erst recht nach – und in – Rio fliegen! Nur drei Monate hatte sie für das 200-Meter-Rennen trainiert. Sie lief die Strecke in 27,86 Sekunden und wurde Vierte. Im ersten Anlauf hatte sie es unter die Top fünf geschafft und die Bronzemedaille nur ganz knapp verpasst.

Nach ihren ersten Paralympics gab Abassia ihre Teilzeitstelle auf, suchte erfolgreich nach Sponsoren und wurde Berufssportlerin mit bis zu vier Stunden Training pro Tag, sechsmal die Woche. Ihr Einsatz zahlte sich aus: 2018 gewann sie die Europameisterschaften über 200 Meter.

Jetzt trainiert sie für die Olympischen Spiele in Tokio im Jahr 2021. Noch nie war sie so mit ihrem Körper im Einklang – auch vor dem Verlust ihrer Unterschenkel nicht. Wie Abassia heben heute zahlreiche junge Frauen in der Schweiz ab: Auf Sprintfedern fliegen sie über die Strecke, und nichts kann sie aufhalten.

«Eine Behinderung an sich ist nicht inspirierend.
Einsatz bis zum Äussersten, Ausdauer und Willenskraft schon.»

Annemarie Schwarzenbach

Die Frau mit dem Mut, sich selbst zu sein

1908–1942

In den Dreissigerjahren war die Welt im Umbruch. Bis dahin hatte Annemarie Schwarzenbachs Leben aus Partys und anderen Vergnügungen bestanden. Dass nun zunehmend rassistisches und faschistisches Gedankengut die Welt eroberte, machte sie wütend. Es wurde offensichtlich Zeit, dass sie sich ihren wahren Leidenschaften – dem Schreiben und der Fotografie – widmete und damit gegen diese bösartigen Ideologien kämpfte.

Annemarie, bildhübsch und blitzgescheit, war das dritte von fünf Kindern und Tochter einer der reichsten Familien von Zürich. Ihre liebsten Schulfächer waren Geschichte und Musik. Und sie wusste schon früh, dass sie Schriftstellerin werden würde. Mit dreiundzwanzig zog sie nach Berlin, wo sie als Journalistin arbeitete und neben politischen Artikeln weiterhin Romane schrieb. Mit fünfundzwanzig setzte sie sich dann in ihr Auto, fuhr damit in die Türkei und weiter nach Syrien, in den Irak und schliesslich nach Persien; danach veröffentlichte sie ein Reisetagebuch mit eigenen Fotos über ihre Abenteuer. Auch über die Erlebnisse bei ihren vielen weiteren Reisen schrieb sie Bücher und Artikel. Unter anderem hatte sie sich in Aserbaidschan eine Verfolgungsjagd mit der Polizei geliefert!

Als begeisterte Fotografin zählte Annemarie zu den ersten ihrer Zunft, die verstanden hatten, dass ein Foto mit einem kurzen Begleittext eine ganze Geschichte erzählen kann. So sieht man beispielsweise eine Frau auf einer Felsplatte sitzen und einen Apfel schälen. Mit seiner gedrückten Stimmung veranschaulicht das Bild aber auch, dass die junge Frau in Kürze vor Gericht erscheinen muss, wo sie ein unfairer Prozess erwartet. Es lenkt also den Blick auf ein korruptes Justizwesen.

Annemarie war furchtlos. Sie brauchte nur ein Auto, eine Schreibmaschine und einen Fotoapparat, dann war sie zu allem bereit. Um Geschichten von Menschen zu erzählen und die Welt gerechter zu machen, ging sie enorme Risiken ein. Sie dokumentierte einen Aufmarsch der Hitlerjugend, reiste durch die rassistischen Südstaaten der USA und fuhr in schwedische Erzminen ein.

Doch trotz ihres Reichtums und ihres Erfolgs war Annemaries Leben weder einfach noch glücklich. Sie war lesbisch – liebte also nur Frauen – und versteckte das nicht. Zudem unterschieden sich ihre politischen Ansichten grundlegend von denen ihrer Eltern. Annemarie litt darunter, dass ständige Auseinandersetzungen – über ihre Identität, woran sie glaubte und was ihre Familie von ihr erwartete – die Beziehung prägten. Infolgedessen hatte sie mit Ängsten, Depressionen und Drogensucht zu kämpfen. Um Annemarie zu ändern, wies ihre Familie sie sogar zwangsweise in die Psychiatrie ein.

Mit vierunddreissig Jahren starb Annemarie an den Spätfolgen eines Fahrradunfalls. Sofort verbrannte ihre Mutter all ihre persönlichen Aufzeichnungen, als fürchtete sie, dass Annemarie auch nach ihrem Tod noch Schande über die Familie bringen würde. Doch durch ihre Artikel, Bücher und Fotografien leben Annemarie und ihre Geschichten weiter.

«Fürchterliche Ungewissheit? Fürchterlich nur so lange, als wir ihr nicht ins Auge zu blicken vermögen.»

Carla del Ponte

Die Frau, die Gangster erschreckt

*** 1947**

1989 deponierte die italienische Mafia eine halbe Tonne Sprengstoff an dem Ort, an dem sich Carla del Ponte mit einem Richter auf Sizilien treffen wollte. Glücklicherweise wurde der Sprengstoff gerade noch rechtzeitig gefunden und konnte entschärft werden. Carla und der Richter wurden nicht in die Luft gesprengt und kamen unversehrt davon. Doch als Carla nach Hause kam, erhielt sie einen anonymen Anruf.

«Du hast gesehen, was gerade passiert ist», sagte eine Männerstimme. «Jetzt benimm dich!»

Dieser Mann kannte Carla offensichtlich nicht sehr gut.

Carla war im Kanton Tessin mit drei Brüdern aufgewachsen, die auf Schlangenjagd gingen und Carla Vipern unter das Bett legten, um sie zu erschrecken. Aber das Wissen, dass sich eine Schlange unter ihrem Bett befand, hielt Carla nie vom Schlafen ab. Später wollte sie, wie ihre Brüder, Medizin studieren, aber ihr Vater hielt ein solch langes Studium für Zeit- und Geldverschwendung – schliesslich würde Carla nie als Ärztin arbeiten. Sie würde heiraten und Kinder bekommen!

Am Ende entschied sich Carla für ein Jurastudium, weil ihr die Idee gefiel, den Opfern von Verbrechen zu ihrem Recht zu verhelfen. Sie studierte in Bern, Genf und London.

Als Schweizer Bundesanwältin leitete Carla Ermittlungen gegen die italienische Mafia. Später wurde sie Chefanklägerin des Internationalen Strafgerichtshofs in Den Haag. Carla untersuchte Kriegsverbrechen in Jugoslawien, Ruanda und Syrien. Sie hörte sich die Geschichten von Tausenden von Opfern an, besuchte Massengräber, las detaillierte Berichte über Folter und Massaker. Carla sah Tod und Leid überall um sich herum, aber je schrecklicher das Verbrechen war, desto mehr fühlte sich Carla angespornt, Gerechtigkeit für die Opfer zu finden. Sie nahm sich immer die grossen Gangster vor – Führer, Generäle, Präsidenten – und drängte darauf, dass diese Menschen vor Gericht gestellt und hinter Gitter gebracht würden.

Carla sagte immer ihre Meinung. Es war ihr egal, was andere von ihr dachten, ob Kolleginnen und Kollegen oder Feinde. Sie suchte weiter nach Beweisen und weigerte sich, aufzugeben, selbst als sie Morddrohungen erhielt. So kam sie zu ihrem Spitznamen «Carla, die Pest».

«Carla, die Pest» machte sich mächtige Feinde. Mächtige, reiche und gut vernetzte Kriminelle versuchten, sie zu stoppen. Sie schossen in Belgrad auf Carla, und in Sizilien entkam sie einem Attentat. Sie liess kugelsichere Fenster und Türen in ihrem Haus einbauen und fuhr in einem gepanzerten Auto. Sie konnte nicht einmal ihr Haus ohne Leibwächter verlassen. Aber genauso wenig wie die Vipern unter ihrem Bett hielt sie nichts davon ab, nachts zu schlafen – weder die Verbrechen, die sie ahndete, noch die Verbrecher, die es auf sie abgesehen hatten.

«Ich fürchte mich schon lange nicht mehr [...]. Wenn es sein muss, dass ich sterbe, dann ist es halt so weit.»

Regula Engel-Egli

Die Frau, die auf dem Schlachtfeld zu Hause war

1761–1853

Der Soldat zielte und schoss seinem Angreifer ins Gesicht. Aber die Feinde drängten sich um ihn, der Soldat konnte nicht mehr nachladen, ein Bajonett fuhr ihm in die Rippen und eine Kugel durchbohrte seinen Hals. In Brüssel schnitten die Sanitätsärzte seine Uniform auf, um die Wunden zu versorgen. Das Staunen war gross: Der Soldat war ... eine Frau.

Schon als Kind lernte die Zürcherin Regula Egli, sich zu wehren. Ihre Eltern hatten sich getrennt, ihre Mutter war zurück nach Graubünden gezogen – ohne Regula. Ihr Vater war ein Söldner; ein Soldat, der im Ausland gegen Geld für fremde Armeen kämpfte. Er steckte Regula für sechs Jahre ins Waisenhaus. Als ihr Vater eine neue Frau fand, stritt Regula häufig mit ihrer Stiefmutter. Mit dreizehn Jahren lief sie von Zuhause weg, um ihre Mutter zu suchen. In Graubünden lernte sie Florian Engel kennen, einen Schweizer Offizier in französischem Dienst. Als sie siebzehn war, heiratete sie ihn.

Jetzt war Regula die Ehefrau eines Söldner-Offiziers. In den folgenden siebenunddreissig Jahren marschierte sie oft Seite an Seite mit Florian und seinen Truppen. Als 1789 die Französische Revolution ausbrach, war sie schon Mutter von sieben Kindern. Florian wurde in Paris verhaftet und ins Gefängnis geworfen. Da machte sich Regula mit ihren Kindern auf, um sein Leben zu retten. Der französische Revolutionsführer Robespierre war so beeindruckt von Regulas Tapferkeit, dass er Florian freiliess.

Die Familie zog mit der Armee weiter nach Holland. Regulas weiteres Kind wurde dort geboren, auf dem Schlachtfeld zwischen zwei Kanonen. Am nächsten Morgen stand sie auf, nahm das Baby auf den Arm und marschierte weiter, die sieben Geschwister im Gänsemarsch hinterher.

1798 zogen Regula und Florian mit Napoleons Expedition nach Ägypten. Dort brachte Regula Zwillinge zur Welt. Napoleon wurde Pate der beiden und taufte sie gleich mit eigener Hand. Die Armee zog aus Ägypten ab und weiter nach Gaza, Jaffa und Syrien, Regula und ihre Familie immer mit dabei. Wenn die Soldaten müde waren, löste Regula sie ab. Sie zog eine Uniform an und stand Wache. Jetzt war es nur noch eine Frage der Zeit, bis auch sie und ihre grösseren Kinder die Waffen zur Hand nahmen. Insgesamt hatte Regula einundzwanzig Kinder. Nur fünf von ihnen überlebten die Schlachten, in denen sie für Frankreich kämpften. Napoleon war sehr beeindruckt von Regula; er nannte sie «meine kleine Schweizerin».

1815 verloren Napoleons Truppen ihre letzte Schlacht in Waterloo, Belgien. Florian und zwei ihrer Söhne kamen ums Leben, Regula landete im Lazarett in Brüssel. Nachdem ihre Wunden geheilt waren, machte sie sich auf die Suche nach ihren fünf Kindern, die überlebt hatten. Einen Sohn fand sie schliesslich in den USA wieder – drei Tage bevor er in ihren Armen an Gelbfieber starb.

Mit zweiundsechzig kehrte Regula nach Zürich zurück und schrieb ihre Erinnerungen nieder. Ihr Buch wurde ein Bestseller, doch das Geld reichte trotzdem nirgendwo hin. Regula starb mit zweiundneunzig Jahren, ohne Angehörige, bettelarm und grösstenteils vergessen von ihren Landsleuten. Aber ihre Geschichte hat es verdient, dass wir sie nicht vergessen.

«Gold wird im Feuer geprüft, der Mensch im Leid.»

Nicole Petignat

Die Unparteiische

* 1966

Nicole ahnte nicht, dass sie Geschichte schreiben würde, als ihre Schwester sie mit der Anmeldung für einen Schiedsrichterkurs überraschte.

Als Kind hatte sie zusammen mit ihrer Zwillingsschwester Dominique Fussball mit den Jungs gespielt und mit ihrem Vater Spiele angesehen. Mit sechzehn wollten die Zwillinge ein Mädchenfussballteam auf die Beine stellen. In ihrem Heimatort Alle, heute im Kanton Jura, fanden sie aber keine Mitspielerinnen. Was tun? Schiedsrichterin werden! Frauenfussball war chancenlos, aber im Männerfussball gab es viel zu beurteilen.

Rund fünf Jahre lang standen die Schwestern im Jura auf dem Platz – als Unparteiische in Amateurspielen. Dann gründete Dominique eine Familie, und Nicole zog nach Luzern. Unter der Woche hatte sie Nebenjobs, am Wochenende aber stand sie im Schiedsrichtertrikot auf dem Platz. Zunächst staunten die Spieler und das Publikum, wenn Nicole mit Trillerpfeife und roter Karte auf den Platz trat. Bald aber kannten alle ihren Namen und verfolgten ihre Karriere: von den Amateurspielen bis hin zum Profifussball. Sie war nicht nur ein Schiedsrichter, sie war eine Schiedsrichterin – und die Fussballer tanzten nach ihrer Pfeife.

Sie bestand dieselben Theorie- und Praxistests wie die Männer. Aber bei ihr wurde viel genauer hingeschaut. Wenn Nicoles Entscheidungen dem Publikum gefielen, war sie eine Göttin. Wenn nicht, war sie ein Weibsteufel.

Die Presse schrieb «Nicole – hart am Ball statt am Herd». Am Feldrand hiess es: «Blöde Kuh – geh stricken!» Manchmal musste sie sich von Bodyguards an Spiele begleiten lassen. Aber Nicole gab nicht auf. Mit dem Anpfiff verschwand die Welt um sie, nur das Spiel zählte. Dann kochten die Gefühle hoch – Frustration, Wut, Hoffnung, Siegesfreude. Nicole war elektrisiert.

Sie pfiff Spiele auf der ganzen Welt, von der FIFA Fussballweltmeisterschaft der Frauen bis zur UEFA Women's Euro und den Frauenturnieren an den Olympischen Spielen.

Als erste Schiedsrichterin an einem internationalen Männerfussballmatch am UEFA Cup 2003 schrieb Nicole Fussball-Weltgeschichte. Sie wusste, dass die ganze Welt auf sie schaute. In der dreissigsten. Minute fiel der Strom im Stadium aus. Bis zur Halbzeit wurde in der Dämmerung weitergespielt. Dann funktionierte die Stromversorgung wieder ... und es regnete in Strömen. Nicoles Ausrüstung war nass, die Kommunikation mit den Linienrichtern kaum möglich. Trotzdem gab sie alles. Cool, schlagfertig und immer professionell bahnte sie ihren Nachfolgerinnen den Weg bis in die höchsten Ligen.

Nie hätte sie gedacht, dass sie so erfolgreich sein würde. In vierundzwanzig Jahren nahm sie jeden Match so, wie er kam, und gab ihr Bestes. Aus Liebe zum Fussball.

«Aufgeben? Geht gar nicht!»

Emma Jung-Rauschenbach

Die brillante Psychoanalytikerin

1882–1955

Als der brillante Psychiater Carl Jung wieder einmal einen Gast beleidigte, versetzte Emma Jung ihrem Mann unter dem Tisch einen Tritt ins Bein. Emma war nicht weniger brillant als ihr berühmter Mann ... und sie wusste genau, wie sie ihn daran hindern konnte, laut und unflätig zu werden.

Emma wuchs in Schaffhausen in einer der reichsten Familien der Schweiz auf. Sie las am liebsten Bücher über Kunst und Natur und verbrachte ihre Tage denkend und schreibend. Sie träumte davon, an der Universität zu studieren, aber das war unmöglich – es war für eine Frau ihrer Herkunft undenkbar, in einer Klasse voller Männer zu sitzen. Carl aber schätzte ihre Intelligenz und Fantasie. Obwohl er manchmal dreist und laut war, verliebte sie sich in den charmanten jungen Arzt. Nach der Heirat zogen Emma und Carl in eine Wohnung über dem Zürcher Burghölzlispital, wo er psychisch kranke Menschen behandelte.

Emma liebte ihr aufregendes neues Leben und arbeitete als Carls wissenschaftliche Assistentin. Sie verbrachte Zeit mit Patientinnen und Patienten, tippte Carls Berichte ab und lernte «ein oder zwei Dinge» über eine neue Behandlungsform namens «Psychoanalyse».

Bis zu diesem Zeitpunkt wurden Menschen mit psychischen Erkrankungen in eiskalte Bäder getaucht, mit schmerzhaften Elektroschocks und vielen anderen folterähnlichen Therapien «behandelt». Carl aber nutzte die Psychoanalyse, eine neue «Gesprächstherapie», bei der er Patientinnen und Patienten über ihre Träume und Wünsche befragte. Emma lernte während ihrer Zeit im Spital viel darüber.

Als ihr Vater 1905 starb, erbte Emma ein riesiges Vermögen. Sie und Carl bauten sich ein grosses Haus am Zürichsee, in dem Carl auch seine Praxis hatte. Emma kümmerte sich währenddessen um ihre fünf Kinder und führte den Haushalt. Entschlossen, weiter zu lernen und ihre Kenntnisse zu erweitern, begann Emma, selber als Psychoanalytikerin zu arbeiten. Daneben schaffte sie es auch noch, die Wehwehchen der Kinder zu versorgen, ihnen bei den Hausaufgaben zu helfen, Gäste wie beispielsweise Albert Einstein zu unterhalten und Carls Hausbesuche zu übernehmen, wenn er auf Reisen war. Sie fand sogar noch die Zeit, Gedichte zu schreiben und sich selbst Griechisch und Latein beizubringen, so dass sie Material für Carls berühmtes Werk über die analytische Psychologie mit dem Titel «Symbole der Wandlung» recherchieren konnte.

1916 wurde Emma die erste Präsidentin des Psychologischen Clubs Zürich. Sie publizierte ihre eigenen Arbeiten auf dem Gebiet der analytischen Psychologie und beschrieb die Probleme, mit denen Frauen in einer Gesellschaft konfrontiert waren, die sie davon abhielten, zu lernen und sich zu entfalten. 1950 wurde sie Präsidentin des Jung-Instituts, wo man bis heute analytische Psychologie studieren kann.

Carls Frau zu sein, war für Emma nicht immer einfach. Aber sie fand einen Weg, ihn zu unterstützen und gleichzeitig sich selbst treu zu bleiben. Ausserdem hörten die beiden ein Leben lang nicht auf, voneinander zu lernen.

«Frauen sollen nicht verkümmern, sondern sich von den Fesseln der Gesellschaft befreien und sich entfalten dürfen.»

Marie-Paule Kieny

Die Frau, die Füchse impfte

*** 1955**

Marie-Paule wartete ganz aufgeregt im Labor. Gerade war der erste Hubschrauber mit Kartons voller Fuchsköder abgeflogen. Wenn ihre Idee funktionierte, würden die Hubschrauber mit Füchsen zurückkommen. Sie und ihr Team wären in der Lage, ihnen einen neuen Impfstoff zu verabreichen, und könnten viele von ihnen davor bewahren, mit Giftgas getötet zu werden.

Viele Jahre zuvor – im Jahr 1968 – hatte sich die dreizehnjährige Marie-Paule Kieny von Demonstrantinnen und Demonstranten, die auf den Strassen Frankreichs protestierten, inspirieren lassen. Die Demonstrierenden forderten Veränderungen. Strassen waren blockiert. Schulen wurden geschlossen. Fabriken stellten die Arbeit ein. Marie-Paule beschloss, dass auch sie Wege finden wollte, um Dinge auf eine neue, bessere Art zu machen – zu Hause und auf der ganzen Welt.

Marie-Paules Familie hatte sie immer bei ihren Träumen unterstützt. Es gab nur eine Regel: Faulheit war verboten! Man musste aufstehen, arbeiten und anderen Menschen helfen. Ihre Mutter war Ärztin, ihre Grossmutter Lehrerin und Gewerkschaftsvorsitzende, ihre Urgrossmutter war Hebamme gewesen. Zuerst wollte Marie-Paule Agronomie studieren und lernen, wie man die Landwirtschaft verändern und damit die Menschheit besser ernähren konnte. Aber dann kam der Leiter des französischen Instituts für Entwicklung zu Besuch in ihre Klasse und sagte, dass er keine Frauen einstellen wolle, weil sie nicht so klug seien wie Männer. Marie-Paule wusste, dass sie niemals für jemanden wie ihn arbeiten wollte.

Stattdessen promovierte Marie-Paule in Mikrobiologie – der Erforschung von Viren, Bakterien und anderen Lebewesen, die so klein sind, dass man sie von blossem Auge gar nicht sehen kann. Sie erfuhr, dass kranke, wild lebende Füchse mit Giftgas getötet wurden, um die Menschen vor der Tollwut, einem tödlichen Virus, zu schützen. Marie-Paule wusste, dass sie die Füchse mit einem Impfstoff retten und so auch Menschen schützen könnte. Das Problem war, dass Füchse normalerweise nicht in der Tierarztpraxis Schlange stehen, um sich impfen zu lassen! Da hatten Marie-Paule und ihr Team die Idee, Fallen aus Hubschraubern abzuwerfen und die gefangenen Füchse zu impfen, bevor sie wieder in den Wald ausgesetzt würden.

Es gelang ihnen, so viele Füchse mit dem neuen Impfstoff zu behandeln, dass es nicht mehr nötig war, sie zu töten. Der Impfstoff erwies sich als Rettung für Tier und Mensch zugleich!

Bald zog Marie-Paule von Frankreich nach Genf, wo sie für die Weltgesundheitsorganisation zu arbeiten begann. Sie, die mit der Impfung von Füchsen begonnen hatte, entwickelt nun zusammen mit Regierungen sowie Wissenschaftlerinnen und Wissenschaftlern Lösungen für die grössten Gesundheitsprobleme der Welt, so beispielsweise einen Impfstoff gegen Ebola. Und ganz gleich, was sie tut, Marie-Paule macht immer weiter – mit oder ohne Hubschrauber!

«Sei mutig und waghalsig, aber nicht arrogant.
Und sei bereit, hart zu arbeiten.»

Nadja Schmid

Die Frau mit der Lust am Leben

*** 1989**

Nadja Schmid war vierzehn, als sie eine Lungenentzündung bekam. Drei Wochen musste sie im Spital bleiben, ohne dass sich ihr Husten gebessert hätte. Die Antibiotika versagten. Ihre Ärztinnen und Ärzte dachten schon, sie müsse sterben. Sie gaben auf – aber Nadja nicht. Und ihr Lebenswille siegte. «Ein Wunder!», hiess es im Spital. Gleichzeitig gab man Nadja noch sechs Jahre zu leben. Heute ist sie dreissig Jahre alt, und es geht ihr blendend.

Nadja kam in Cressier, Freiburg, zur Welt. Sie hat spinale Muskelatrophie (SMA), eine Erbkrankheit, die ihre Muskeln schwächt und schwinden lässt. In ihrem ganzen Leben ist Nadja keinen Schritt selbst gelaufen; ihren Alltag bewältigt sie mit Assistenz von anderen. Trotzdem hat sich Nadja nie von ihrer Krankheit einschränken lassen. Wenn um acht Uhr morgens die Schulglocke läutete, war Nadja da. Genau wie die anderen Kinder in ihrer Klasse. Sie hasste es, wenn man sie wegen ihrer Beeinträchtigung besonders behandelte. Nadja wollte ein Kind sein wie alle anderen.

Sie war eine richtige Leseratte, vor allem Bücher über den menschlichen Geist faszinierten sie. Gerne hätte sie Psychologie studiert, aber man sagte ihr, ein so langes Studium würde von der Invalidenversicherung nicht unterstützt. Es hiess, sie müsse eine kaufmännische Ausbildung machen, wie viele andere Menschen mit Beeinträchtigungen in der Schweiz auch. Nadja liess sich überreden und schloss eine Berufslehre ab. Heute arbeitet sie im Bankwesen – und beweist jeden Tag, dass Arbeitsplätze von den unterschiedlichsten Menschen ausgefüllt werden können ... und sollten!

Nadjas Körper ist untypisch, aber stark, und ihr Geist ist noch stärker. Sie inspiriert andere mit ihrer Weltsicht. Wenn sie in Schulen eingeladen wird, ist keine Kinderfrage tabu, sie beantwortet alle. So lebt sie der Welt vor, dass «untypisch» keine «Behinderung» ist.

Als Nadja siebzehn war, starb ihr Bruder. Sie entschied sich, ihn auf ihre Art zu ehren: durch Lebenslust statt Trauer. Als Erstes liess sie sich ein Tattoo stechen, um der Welt zu zeigen: «Hey, guckt mal, Leute! Hier bin ich, ein Mensch, genau wir ihr!»

Das Tattoo blieb nicht das Einzige. Nadja liess sich auch Dreadlocks machen und reiste mit ihrem Freund nach Thailand. Jetzt, mit über dreissig, geht sie gerne an Goa-Partys. Ein Assistenzteam unterstützt sie im Alltag in ihrem eigenen Zuhause.

Im Lauf der Jahre erfuhr Nadja, dass Glück mitreissend wirkt. Sie merkte, dass ihre Assistentinnen durch den Kontakt mit ihr neue Denkweisen entwickelten und zu mehr Lebenslust fanden. Nadja nutzte dieses Talent und ihr Interesse an psychologischen Fragen, um sich als Lebensberaterin selbstständig zu machen.

Sie ist fest überzeugt, dass Freude wächst und sich vermehrt. Deshalb arbeitet sie daran, überall kleine Glückssamen zu verstreuen, um das Leben ihrer Mitmenschen zu verbessern und gedeihen zu lassen. Samenkorn um Samenkorn.

«Wir müssen ja sowieso denken. Warum nicht gleich positiv?»

Elisabeth Kübler-Ross

Die Frau, die ihr Leben den Sterbenden widmete

1926–2004

In den Fünfzigerjahren war Elisabeth Kübler-Ross – eine damals in den USA lebende Ärztin aus Zürich – schockiert, dass Ärztinnen, Ärzte und Krankenschwestern es vermieden, mit ihren sterbenden Patientinnen und Patienten über den Tod zu sprechen. Ja, die Ärzteschaft sagte ihnen nicht einmal, dass sie bald sterben würden, ein solch grosses Tabu war der Tod. Sie überliess dieses schwierige Gespräch einfach den Familienangehörigen ... wie es den Patientinnen und Patienten angesichts ihres nahen Todes ging, war unwichtig.

In der Schweiz hingegen hatte der Tod zum Leben gehört. Die meisten Menschen starben zu Hause, im Kreis ihrer Freunde und ihrer Familie, die sich bis zuletzt um sie kümmerten.

Elisabeth Kübler war die kleinste und empfindlichste von Drillingsschwestern, was sie aber nicht bremste. Es war für sie selbstverständlich, sich um die Schwachen und vom Schicksal Benachteiligten zu kümmern, und so träumte sie davon, Ärztin zu werden und Menschen zu helfen. Als ihr Vater sagte, sie sei «zu zart» für ein Medizinstudium und sie stattdessen als Sekretärin in seiner Firma für Büromaterial arbeiten sollte, weigerte sich Elisabeth. Sie zog mit sechzehn von zu Hause aus, arbeitete als Hausmädchen und in einem Chemielabor und nach dem Zweiten Weltkrieg als ehrenamtliche Helferin in Krankenhäusern in mehreren Ländern Europas.

Als sie danach in die Schweiz zurückkehrte, studierte sie Medizin an der angesehenen Universität Zürich, wo sie sich in einen Mitstudenten, Emanuel Ross, verliebte. Nach ihrer Heirat arbeiteten sie beide in Krankenhäusern in New York. Dort fiel Elisabeth zum ersten Mal auf, wie Sterbende behandelt wurden.

Sie beschloss, dieses Tabu irgendwie zu brechen. Nach einer Facharztausbildung in Psychiatrie machte sie es sich zur Lebensaufgabe, Menschen über den Prozess des Sterbens aufzuklären. Sie gab Seminare, in denen todkranke Patientinnen und Patienten auftraten und über ihre Gefühle sprachen. Anfangs nahmen nur wenige Ärztinnen und Ärzte teil, weil sie glaubten, es sei grausam, mit Menschen über ihren nahen Tod zu sprechen – doch Elisabeth wusste, dass die Sterbenskranken genau dies wollten.

Elisabeth schrieb über zwanzig Bücher zu den Themen Leben, Tod, Sterben und Trauer. Sie teilte das Sterben in fünf Phasen ein: das Nicht-wahrhaben-Wollen; den Zorn; das Verhandeln; die Depression und die Annahme. Die Ärzteschaft war begeistert, denn nun hatte sie ein Werkzeug an der Hand, um die Patienten einzuteilen. Was Elisabeth unendlich frustrierte, denn es ging doch nicht darum, Patientinnen und Patienten in bestimmte Schubladen zu stecken! Doch sie wusste, dass diese Einteilung es nun einmal sowohl den Kranken als auch dem medizinischen Personal leichter machte, über den Tod und die damit verbundenen Gefühle zu sprechen.

Elisabeth begründete auch die Hospizbewegung in den USA, sodass sterbende Menschen ihre letzten Tage zu Hause oder in angenehmer Umgebung verbringen konnten und dabei bestmöglich medizinisch versorgt wurden. Seither sind mehr als viertausend Hospizprogramme entstanden, die alle auf Elisabeths bahn- und tabubrechender Arbeit beruhen.

«Je mehr man erfährt, umso schwieriger werden die Lektionen.»

Petra Sprecher

Die Frau mit dem Faible für Gefahr

*** 1973**

Für ihren ersten Job als Stuntfrau wurde Petra Sprecher auf einen Sitz auf einem klapprigen Riesenrad geschnallt. Das Rad begann sich zu drehen, es ging immer weiter hinauf in schwindelerregende Höhen, bis die Verankerung, an der ihr Sitz befestigt war, mit einem lauten Knall brach! Das war nicht Teil des Stunts. Das war echt: Petra fiel in die Tiefe und schlug hart auf dem Boden auf.

Die Crew schaute entsetzt zu, als eine Ambulanz mit ihr wegfuhr. Sie hatte Glück gehabt – sie trug kaum Verletzungen davon. Alle waren überrascht, als sie ein paar Wochen später wieder auf dem Set erschien. Petra wollte eine Stuntfrau sein, und nichts konnte sie davon abhalten.

Schon als Kind wusste Petra immer genau, was sie wollte. Mit sieben Jahren wollte sie zum Basler *Jugend Circus Basilisk,* aber ihre Eltern konnten sie nicht zum Training fahren. Also machte Petra die einstündige Fahrt zum Zirkus mit dem Tram und dem Bus alleine. Am Ende trainierte sie zehn Jahre lang bei diesem Zirkus.

Mit zwanzig Jahren war Petra eine von nur sieben Artistinnen und Artisten weltweit, die in die nationale Zirkusschule in Montreal in Kanada aufgenommen wurde. Sie spezialisierte sich auf die «Wolkenschaukel», eine gefährliche Luftnummer, zu der Saltos, Stürze und Drehungen auf einer Seilschaukel hoch in der Luft gehörten. Sie war so gut, dass sogar der berühmte *Cirque du Soleil* auf sie aufmerksam wurde und sie auf seine Tourneen mitnahm.

Eine dieser Tourneen führte sie nach Kalifornien. Sie verliebte sich in Hollywood und wollte unbedingt dorthin zurückkehren. Einige Monate später entdeckte sie beim Blättern in einer Zeitschrift einen Artikel über schwarze Stuntfrauen in Hollywood. Für Petra stand in diesem Moment die Zeit kurz still. Das war es, was sie als Nächstes tun wollte!

Petra hatte keine Kontakte oder Erfahrung in Hollywood, aber im Zirkus hatte sie alles gelernt, was sie für Stunts wissen musste. Ihr grosser Durchbruch kam 2001, als sie für den erfolgreichen Kinofilm Minority Report engagiert wurde. Trotz ihres Riesenradsturzes machte sie weiter mit den Stunts. Seitdem hat sie in zahlreichen Filmen und Fernsehsendungen mitgewirkt, doch ihr Gesicht sieht man nur selten; während Stuntdarsteller der Gefahr ins Auge sehen, sieht man vor der Kamera nur die Filmstars.

Petra ist durch Glasdecken gestürzt, von Balkonen gesprungen und im Treibsand versunken. 2016 sollte sie von einem Auto angefahren werden – einer der gefährlichsten Stunts, die es gibt –, und zum ersten Mal kamen ihr Zweifel: «Was mache ich da eigentlich?», fragte sie sich. Ihre Tasche war bereits gepackt, für den Fall, dass ihr nächstes Auto wieder eine Ambulanz war! Petra machte den Stunt, aber seither hat sie kein Interesse mehr an so waghalsigen Abenteuern.

Petra wusste schon immer, was sie wollte, und jetzt will sie etwas Neues: Sie ist bereit, aus dem Schatten zu treten und wieder im Rampenlicht zu stehen. Ohne Zweifel wird sie das tun. Denn für Petra gibt es kein «Das kann ich nicht».

«Gönn dir grosse Träume.»

OPEN

Susanne Bickel

Die berühmte Ägyptologin

*** 1960**

Susanne war neun Jahre alt, als sie zum ersten Mal einen Artikel über den ägyptischen Pharao Tutanchamun und die Archäologen, die sein 3300 Jahre altes Grab entdeckt hatten, las. Ihr war klar, dass sie unbedingt mehr über das Ägypten des Altertums erfahren musste, und sie las alles, was sie über das Thema finden konnte!

Als ihre Familie für ein paar Monate von Bern nach London zog, ging für Susanne ein Traum in Erfüllung. Jeden Tag verbrachte sie damit, die riesige ägyptische Sammlung des British Museum zu erkunden. Wenn sie unter der riesigen, majestätischen Skulptur von Pharao Ramses II. stand, klopfte ihr Herz vor lauter Aufregung ganz laut. Wohin sie auch blickte, überall waren altägyptische Schätze, Mumien, Särge, Möbel und Schmuck ausgestellt. Jeder Gegenstand war mit Hieroglyphen beschrieben. Entschlossen, diese uralten Geschichten und Briefe zu entziffern, brachte sich Susanne im Alter von sechzehn Jahren das Lesen von Hieroglyphen bei.

Susanne wollte an der Universität Ägyptologie studieren, aber ihre Chancen, später eine Arbeit zu finden, waren klein. Tatsächlich gab es damals weltweit nur zwei Professorinnen für Ägyptologie. Zum Glück ermutigte sie ihr Griechischlehrer, ihre Leidenschaft auszuleben. Er überzeugte sogar ihre Eltern, dass sie bei diesem Studium viele Dinge lernen würde, die in jedem Beruf nützlich sind, beispielsweise Sprachen – oder die Fähigkeit, Probleme zu lösen und andere Kulturen zu verstehen.

Doch an der Universität kamen Susanne erste Zweifel. Obwohl sie nichts lieber tat, als das alte Ägypten zu erforschen, war ihr nicht klar, wie sie mithilfe dieses Studiums die moderne Gesellschaft verbessern konnte. Erst als sie nach Ägypten reiste, wurde ihr klar, dass die Vergangenheit dort immer noch im Alltag der Menschen präsent war. Sie erkannte, dass man die Gegenwart nur verstehen kann, wenn man auch die Vergangenheit kennt. Jeder Mensch hinterlässt in seinem Leben Spuren. Als Ägyptologin erforscht Susanne diese Spuren und setzt sie wie Puzzlestücke zusammen, um damit lang vergessene Geschichten zu erzählen. Sie widmet ihr Leben der Entdeckung und Entschlüsselung der Geheimnisse des alten Ägyptens.

2012 leitete Susanne als Professorin für Ägyptologie der Universität Basel die Ausgrabung mehrerer Gräber im Tal der Könige – dem Gebiet, in dem auch Tutanchamun gefunden worden war. Susanne und ihr Team entdeckten das Grab einer Priesterin namens Nehemesbastet. Es war seit fast hundert Jahren das erste Grab, das intakt aufgefunden wurde!

Susannes Team grub die mumifizierten Überreste von über zwanzig bisher unbekannten Prinzessinnen und Prinzen aus und fand dabei sogar eine 3500 Jahre alte Socke! Beim Durchsuchen eines Trümmerhaufens vor den Gräbern stiess Susannes Team darüber hinaus auf die älteste je gefundene Sonnenuhr. Damit konnte sie beweisen, dass die Ägypter (und nicht die Griechen) die Sonnenuhr mit senkrechtem Zifferblatt erfunden hatten.

Tutanchamun hatte in Susanne den Wunsch geweckt, möglichst viel über das alte Ägypten zu erfahren. Heute, mehr als fünfzig Jahre später, sucht sie weiter in der Nähe seines Grabs nach Spuren und findet immer mehr Hinweise darauf, wie die Menschen vor Tausenden von Jahren gelebt hatten.

Charlotte Blattner

Die Frau, die Leben schützt

*** 1987**

Charlotte Blattner war schockiert von dem, was sie über Massentierhaltung erfuhr. Tiere wie Hühner oder Schweine werden auf riesigen Farmen gezüchtet und in engen Käfigen in heissen, geschlossenen Räumen zusammengepfercht. Das allein war schon grauenhaft. Dann fand sie heraus, dass viele Arbeiterinnen und Arbeiter auf diesen Farmen gezwungen waren, unter ähnlichen Bedingungen zu leben. Manchmal war es den Arbeitenden nicht einmal erlaubt, Toilettenpausen einzulegen. Stattdessen mussten sie den ganzen Tag Windeln tragen!

Aufgewachsen in Basel-Landschaft, hat sich Charlotte schon immer für zwei Dinge interessiert – Gerechtigkeit und Tiere. Sie studierte Jura und arbeitete ehrenamtlich in Tierheimen und Auffangstationen, die sich um misshandelte Tiere kümmerten. Zunächst betrachtete sie diese zwei Interessen als unabhängig voneinander. Doch dann merkte sie, dass sie beide miteinander verbinden konnte, indem sie als Tierrechtsanwältin arbeitete.

Während ihres Studiums entdeckte Charlotte, wie sowohl Tiere als auch Angestellte auf riesigen Tierfarmen auf der ganzen Welt behandelt wurden. Die Realität war erschütternd, aber in Anbetracht der Arbeit, die Charlotte bereits aus den Tierheimen kannte, nicht überraschend. Die Art und Weise, wie Menschen Tiere behandelten, spiegelte oft, wie sie auch andere Menschen behandelten. Die Massentierhaltung war ein perfektes Beispiel dafür, dass Unternehmen, die keinen Respekt vor den Rechten der Tiere haben, oft auch keinen Respekt vor den Menschenrechten haben.

Charlotte war schockiert, dass Unternehmen mit dieser Art von Missbrauch davonkommen und noch schockierter, dass diese Praktiken legal sind. Sie erfuhr, dass – wenn Regierungen versuchten, Gesetze zum Schutz der Tiere und der Angestellten zu erlassen –, die Firmen ihre Farmen einfach in andere Länder verlegten, um die Regeln zu umgehen. Charlotte beschloss, das zu ändern.

Sie wusste, dass eine Regierung normalerweise ihre Gesetze nur innerhalb ihres eigenen Landes anwenden kann. Aber es gibt eine Ausnahme von dieser Regel: wenn es um den Schutz von Menschenrechten geht. Das wird extraterritoriale Jurisdiktion genannt. Wenn jemand aus einem Land kommt, aber in einem anderen lebt und etwas tut, was in seinem Heimatland illegal wäre (z. B. andere Menschen verletzen oder Gewalt anwenden), kann er trotzdem nach den Regeln seines Heimatlandes verfolgt werden. Charlotte fragte sich, ob extraterritoriale Gerichtsbarkeit auch Tiere schützen könnte.

Charlotte recherchierte und schrieb über das Thema. Diese Arbeit brachte ihr im 2020 den Marie-Heim-Vögtlin-Preis ein – einen Preis, der vom Schweizerischen Nationalfonds an herausragende Forscherinnen vergeben wird. Charlotte hofft, dass dank dieser Ehrung die Leute auf ihr Projekt aufmerksam werden und dass es umgesetzt wird, um Tiere und Arbeitskräfte auf der ganzen Welt zu schützen.

Für Charlotte ist das erst der Anfang. In Zukunft möchte sie zeigen, wie ein solches Gesetz genutzt werden könnte, um den Klimawandel zu bekämpfen und die Artenvielfalt zu schützen. Sie will bewirken, dass jedes Lebewesen das Recht hat, geschützt zu werden.

Germaine de Staël

Die Frau, die es mit Napoleon aufnahm

1766–1817

Wir schreiben das Jahr 1811. Germaine de Staël tut so, als würde sie einen kleinen Spaziergang machen wollen. Sie verlässt ihr Schloss in Coppet, schlendert an Napoleons Soldaten vorbei und steigt in ihre Pferdekutsche. Aber es wird kein Ausflug, sondern eine Flucht nach England! Im Gepäckraum der Kutsche ist schon das Manuskript für ihr Buch verstaut. Mit dieser Reise bietet Germaine dem mächtigsten Mann ihrer Zeit – dem französischen Kaiser Napoleon Bonaparte – die Stirn.

Germaine wuchs mit ihren Eltern, die aus der Schweiz stammten, in Paris auf und liebte die Politik. Schon sehr früh wurde ihr jedoch klar, dass es ihr als Frau nie möglich sein würde, Politikerin zu werden. Aber sie war sehr gut darin, Menschen mit ihrem Wissen und ihrem Scharfsinn zu beeinflussen. Sie gab die besten Partys in ganz Paris, Salons genannt, zu denen sie die einflussreichsten Pariserinnen und Pariser einlud. Bei ihr wurden immer die neuesten Ideen diskutiert, und wenn Germaine sprach, hörten ihr alle gebannt zu.

Als Napoleon Bonaparte an die Macht kam, war Germaine zuerst begeistert. Sie glaubte, er würde Frankreich endlich zu einer Demokratie machen – einem Land, in dem das Volk würde mitreden können! Doch bald schon erkannte sie, dass Napoleon sich wie ein Diktator aufführte. Er riss die Macht an sich, anstatt sie dem Volk zu geben.

Als Germaine sich entrüstet von Napoleon abwandte, hörten ihre Freunde ihr zu, und auch sie lehnten sich gegen ihn auf. Napoleon fürchtete Germaines Einfluss.

«Man sagt, sie rede weder über Politik noch über mich; wie kann es dann sein, dass alle, die mit ihr reden, mich nicht mehr mögen?», fragte er einen Freund.

Napoleon verbannte Germaine aus Paris. Er gab ihr Hausarrest in ihrem Schloss in Coppet, liess sie bespitzeln und ihre Bücher verbrennen. Doch Germaine de Staël konnte nicht zum Schweigen gebracht werden! Sie lud Napoleons Feinde zu ihren Salons in Coppet ein und schrieb weiterhin leidenschaftlich Briefe und Bücher.

Als Germaine bereit war, *De l'Allemagne,* ein Buch, in dem sie für Demokratie warb, herauszugeben, konnte nichts und niemand sie von ihrem Vorhaben abbringen. Nicht einmal Napoleon höchstpersönlich. Und so fuhr sie los in ihrer Pferdekutsche. Napoleons Truppen waren überall. Um ihnen nicht in die Arme zu laufen, reiste sie im Zickzack durch Europa, über Österreich, Russland und Schweden – mit einer Mission: das Manuskript nach England zu bringen und dort veröffentlichen zu lassen.

1814 schrieb eine ihrer Zeitgenossinnen: «Es gibt drei grosse Mächte, die gegen Napoleon und für die Seele Europas kämpfen: England, Russland und Madame de Staël.»

1815 wurde Napoleon besiegt und aus Frankreich verbannt. Germaine konnte endlich wieder in ihr geliebtes Paris zurückkehren.

«Das grösste Glück besteht darin,
die eigenen Gefühle in Tat umzusetzen.»

Jacqueline Urbach

Die Frau, die in die Zukunft blickte

*** streng geheim**

1966 machte Jacqueline Urbach, eine junge Optikerin aus der Schweiz, in Los Angeles eine Entdeckung, die ihr Leben für immer verändern würde: die Augen einer anderen Frau. Es waren braune Augen, die funkelten und glänzten wie die der Hollywood-Stars, die Jacqueline als Kind in Zürich so sehr bewundert hatte.

Als sie genauer hinschaute, sah Jacqueline, dass die Regenbogenhaut natürliche Flecken hatte, die wie goldene Pünktchen aussahen. Wäre es nicht wunderbar, wenn man solche Sprenkel auf alle Augen zaubern könnte?! Aber wie? Jacqueline konnte – wie alle Optikerinnen ihrer Zeit – nur Brillengläser und klare, harte Kontaktlinsen herstellen. Und dann hatte sie eine Idee: Kontaktlinsen mit goldenen Flecken! Damit könnte jeder wie ein Hollywood-Star glänzen.

Damals war Jacqueline bereits klar geworden, dass manche Dinge im Leben nicht so einfach waren, wie sie aussahen. In der Schule hatte man ihr prophezeit, dass aus ihr nichts werden würde. Sie wollte schon aufgeben, da veränderte ein Lehrer ihr Leben. Er sagte ihr, sie könne alles erreichen, wenn sie es nur wolle. Beflügelt von seinem Glauben an sie, schaffte sie es innerhalb eines Jahres von der schlechtesten Schülerin zur Klassenbesten. Es war harte Arbeit, aber sie biss sich durch.

Nachdem Jacqueline die Augen jener Frau gesehen hatte, begann sie, mit Farben zu experimentieren. Zunächst bemalte und gravierte sie die Innenseite von harten Kontaktlinsen, doch das sah künstlich aus. Dann hatte sie eine Eingebung: Sie könnte die Linsen mit Glitzer versehen! In einem Spielwarenladen kaufte sie Goldglitzer und machte sich an die Arbeit. Nach monatelangem Herumexperimentieren gelang es ihr, die Glitzerpartikel zwischen zwei Akrylschichten einzufügen.

Als die grossen Filmstudios von Jacquelines Erfindung erfuhren, begannen sie, Linsen für ihre Stars zu bestellen. Als Jacqueline den Film *Lawrence of Arabia* mit Omar Sharif im Kino sah und er die blauen Glitzerlinsen, die sie für ihn gemacht hatte, trug, wurde Jacqueline bewusst, dass sie etwas ganz Besonderes erfunden hatte. Also liess sie die Erfindung patentieren.

Ungefähr zur selben Zeit entwickelte eine andere Firma die ersten weichen Kontaktlinsen. Weiche Kontaktlinsen waren bequemer zu tragen als harte – und viel beliebter. So legte Jacqueline die farbigen Hartlinsen beiseite, kaufte neues Material und brachte sich bei, wie man weiche Linsen herstellt.

Sie brauchte Jahre, aber sie schaffte es und verbesserte sogar das Design von weichen Kontaktlinsen. Jacquelines sechs Patente revolutionierten die Herstellung weicher und harter, durchsichtiger und farbiger Kontaktlinsen auf der ganzen Welt.

«Ich betrachte meine Arbeit als Hobby; Denken und Kreativität sind meine Nahrung.»

Elisabeth Baulacre

Die Frau mit dem Riecher fürs Geschäft

1613–1693

1641 starb Elisabeth Baulacres Ehemann. Sie blieb als alleinstehende Mutter zurück – mit ihrem Kleinkind und einem kleinen Laden, in dem sie Handschuhe, Mützen und Bordüren verkaufte. Man erwartete von ihr, dass sie entweder rasch wieder heiratete und das Geschäft dem neuen Ehemann übergab oder dass sie es vorübergehend betrieb, bis ihr Sohn alt genug war, um es zu führen. Doch Elisabeth tat weder das eine noch das andere. Jahrelang blieb sie unverheiratet und verwandelte ihren kleinen Laden in eines der erfolgreichsten Geschäfte in Genf – und zwar ganz alleine.

Zu Elisabeths Zeit veränderte sich der Modegeschmack in Europa. Neu wollten die Menschen schicke, modern verzierte Bekleidung und mit Gold- oder Silberfäden durchwirkte Stoffe. Deshalb beschloss Elisabeth, sich auf die Herstellung von Gold- und Silberfäden zu spezialisieren. Dies war jedoch ein schwieriger und teurer Prozess. Jeder Schritt der Herstellung – das Schmelzen, Schlagen und Hämmern des Goldes zu feinen Streifen, das anschliessende Herumwickeln um einen Seidenfaden – all das erforderte die Zusammenarbeit mit verschiedenen Handwerkerinnen und Handwerkern. Und diese wiederum mussten das erforderliche Gold und Silber sowie die richtigen Werkzeuge besitzen. Wer sich die Materialien nicht leisten konnte, konnte sich keine eigene Werkstatt einrichten. Die wenigsten hatten das Geld dafür – Elisabeth aber schon.

Und hier machte es Elisabeth anders als die Konkurrenz. Statt Handwerkerinnen und Handwerker für einzelne Aufträge anzustellen, gab sie ihnen Geld für das Material; sie gewährte Lehrlingen Kredite, damit sie eine Lehre machen konnten, bot Kost und Logis an und lieh sogar Geld aus, wenn jemand in Schwierigkeiten war.

Allerdings waren ihre Darlehen an Bedingungen geknüpft: Die Handwerkerinnen und Handwerker mussten für sie arbeiten, bis die Schulden samt Zinsen zurückbezahlt waren. Einige von ihnen waren über zehn, zwanzig Jahre oder länger an sie gebunden. Am Ende beschäftigte sie über tausend ausgebildete Arbeitskräfte, ihr kleines Geschäft wuchs zu einem riesigen Imperium an und verdrängte sämtliche Konkurrenz.

Elisabeth exportierte ihre Fäden in alle Länder Europas. Sie verhandelte in Amsterdam und London, aber auch mit einheimischen Händlern, die ihre Waren ins Ausland lieferten.

1655 heiratete sie einen Politiker und liess ihren Einfluss auch in der Politik spüren. Es hiess, wer in Genf in ein politisches Amt gewählt werden wolle, müsse dies ohne Elisabeths Unterstützung gar nicht versuchen! Nachdem sie ihr Imperium fünfzig Jahre lang ausgebaut und die Treue ihrer Arbeiterinnen und Arbeiter «gekauft hatte», starb Elisabeth Baulacre als zweitreichste Person in Genf.

Hatte Elisabeth ein Herz aus Gold? Wahrscheinlich nicht. Aber dank ihrem Riecher fürs Geschäft hatte sie den Laden voll von Gold- und Silberschmuck. Und anderen Kostbarkeiten.

Margrit Rusterholz

Die Frau, die Gas gibt

*** 1942**

Alle starrten wie gebannt auf die einzige Frau, die zum Rennen angetreten war. Margrit – von Kopf bis Fuss in schwarzes Leder gekleidet – schob die alte Kampfpilotenbrille vom Helm herunter und deckte damit ihre Augen ab. Tief über ihr Motorrad gebeugt, drehte sie den Motor hoch, gab Gas und schoss wie eine Rakete den Hügel hinauf.

Viele Jahre vorher wartete 1942 die Familie Reiser in der Nähe von Zürich gespannt auf die Geburt eines kleinen Jungen. Stattdessen aber kam Margrit auf die Welt und wurde nach der Hebamme benannt! Obwohl ihre Mutter sie immer wieder ermahnte, sie solle sich «wie ein Mädchen benehmen», kletterte Margrit lieber auf Bäume, baute Miniaturstädte aus Mecanno oder spielte mit ihrer Modelleisenbahn. Puppen waren einfach nicht ihr Ding.

Als sich Margrit zum ersten Mal auf ein Motorrad setzte, war sie Passagierin auf dem Rücksitz des Motorrads ihres Freundes Fritz. Sie liebte rasante Fahrten, also ermutigte Fritz sie, das Motorradfahren zu erlernen und an Schweizer Bergrennen teilzunehmen. Doch ihre Eltern verbaten es ihr – Mädchen fuhren definitiv nicht Motorrad. Als Fritz bei einem Unfall starb, reparierte Margrit sein beschädigtes Motorrad selbst und begann, gegen den Willen ihrer Eltern, sich auf Motorradrennen vorzubereiten.

Ein Jahr später bereits raste Margrit über kurvenreiche Alpenstrassen und testete, wie schnell sie fahren konnte. 1962 – im Alter von zwanzig Jahren – nahm sie als erste Frau am Schweizer Bergrennen in Villars-sur-Ollon teil. 1963 hatte sie bereits achtzig Prozent der Rennfahrer in der 125-ccm-Klasse geschlagen und war immer noch die einzige Motorradrennfahrerin! Sie wurde auch Mitglied der ostdeutschen Nationalmannschaft und nahm an Rennen teil.

Zu jener Zeit boten die Motorradrennsportregeln Männern einen Vorteil. Damals wurden Motorräder gestartet, indem man seine Ferse auf einen Hebel setzte und diesen kraftvoll nach unten trat. Da die Zeitmessung mit dem ersten Tritt zum Starten des Motors begann, hatte ein schwererer und stärkerer Fahrer einen Vorteil. Also verlangte Margrit vom nationalen Motorradverband, die Regeln zu ändern. Überraschenderweise kam sie mit ihrem Antrag durch, und von da an begann ein Rennen in dem Augenblick, in dem der Motor lief. Jetzt hatte eine Frau die gleichen Chancen wie ein Mann.

Margrit bekam viel Aufmerksamkeit, weil sie die einzige Motorradfahrerin war. Sie wurde so oft von der Polizei angehalten, dass sie später sagte: «Hätte es einen Preis dafür gegeben, von der Polizei angehalten zu werden, so hätte ich ihn gewonnen!» Also fuhr Margrit mit offenem Haar, einem langen, wallenden Rock und hohen Absätzen, um noch mehr zu schockieren.

Ein ganzes Leben lang hatte man ihr gesagt, sie solle es langsamer angehen lassen, sie solle damenhafter sein. Aber Margrit liess sich nie von den Erwartungen von dem, was eine Frau tun darf oder nicht, zurückhalten. Nachdem sie eine Familie gegründet hatte, wechselte Margrit von schnellen Motorrädern zu schnellen Pferden. Mit ihrem Ehemann Bruno begann sie, auf einem Hof Islandpferde zu züchten, nahm an Pferderennen teil und brachte Generationen von Kindern das Reiten bei.

«Entweder schnell oder gar nicht!»

08
21
21

Tilo Frey

Die Frau, die Barrieren durchbrach

1923–2008

Früher war ein Platz in Neuenburg nach einem Schweizer Naturforscher benannt, der angeblich bewiesen hatte, dass weisse Menschen auf einer höheren Entwicklungsstufe standen als die mit dunklerer oder gar einer schwarzen Hautfarbe. Verschiedenste Gruppierungen weltweit machten sich diese rassistische These zu eigen, was Tod und Zerstörung zur Folge hatte. Heute trägt der Platz den Namen von Tilo Frey.

Tilo Freys Vater war Schweizer, die Heimat ihrer Mutter Kamerun. Als Tilo im Alter von fünf Jahren mit ihrem Vater nach Neuenburg zog, merkte sie sofort, dass sie anders war. Leute riefen ihr «Negerin» hinterher, um sie zu beschimpfen und sogar anzudeuten, dass sie minderwertig war. Da Tilos Vater wollte, dass sie keinen Schaden nahm und sich so gut anpasste wie nur möglich, riet er ihr, sich «blütenweiss» zu verhalten. Womit er meinte, dass sie sich ganz genau so benehmen sollte wie die Menschen um sie herum – die fast alle weiss waren.

Tilo war sehr ehrgeizig. Nachdem sie ihr Studium abgeschlossen hatte, unterrichtete sie an einer Berufsschule kaufmännische Fächer und wurde später sogar zur Direktorin der Höheren Töchterschule ernannt. Doch sie interessierte sich auch für die Politik. 1964 wurde sie als erste nichtweisse Frau Abgeordnete des Stadtparlaments und fünf Jahre später in den Grossen Rat des Kantons Neuenburg gewählt. 1971 beschloss sie, für den Nationalrat zu kandidieren. Dass eine nichtweisse Frau sich um einen Sitz im höchsten Parlament der Schweiz bewarb, galt als unerhört! Ihre politische Zielsetzung war klar: Sie wollte sich für Frauenrechte und engere Beziehungen zu anderen Ländern – insbesondere den Entwicklungsländern – einsetzen.

Leider waren Presse und Fernsehreporterinnen und -reporter daran überhaupt nicht interessiert. Sie nahmen Tilo als Person unter Beschuss: Sie hatte dunkle Haut. Sie war nicht verheiratet. Und dazu ehrgeizig. Sie machte ihnen Angst.

Da Tilo sich ganz sicher war, die Wahl zu verlieren, ging sie am Wahlabend früh nach Hause, anstatt wie die anderen Kandidatinnen und Kandidaten die Ergebnisse abzuwarten. Doch zu jedermanns Überraschung errang sie den Sitz und zählte somit zu den allerersten Frauen, die je in den Nationalrat gewählt wurden.

Traditionell wurde den Abgeordneten des Nationalrats nahegelegt, bei den Sitzungen dunkle Kleidung zu tragen. Doch dieses eine Mal wollte sich Tilo nicht «blütenweiss» verhalten, sondern herausstechen. Sie war die erste Neuenburger Frau im Nationalrat und die erste Person afrikanischer Herkunft. Stolz darauf, wer sie war, würde sie sich anziehen, wie es ihr passte – und sie trug Weiss.

Indem Neuenburg 2019 den Platz nach ihr *Espace Tilo Frey* benannte, zeigte die Stadt, dass sie ebenfalls stolz auf sie war.

«Frauen müssen doppelt so viel leisten und dann lächeln.»

Sophie Taeuber-Arp

Die Frau mit der unerschöpflichen Kreativität

1889–1943

«Wenn Sie nicht mit diesem Dada-Unsinn aufhören, werden wir Sie entlassen müssen», herrschte der Direktor der Zürcher Kunstgewerbeschule sie an. Sophie Taeuber-Arp brauchte ihr Einkommen als Lehrerin, sie konnte es sich nicht leisten, ihre Stelle zu verlieren! Und dennoch konnte und wollte sie nicht aufhören, die Art von Kunst zu schaffen, der sie sich verbunden fühlte.

Sophie wuchs in Trogen in der Ostschweiz auf, wo viele Leute zu Hause am eigenen Webstuhl arbeiteten und sich so ihr Geld verdienten. Sophie liebte es, von Menschen umgeben zu sein, die mit Mustern und Formen arbeiteten, aber zu jener Zeit galt die Arbeit mit Stoffen nicht als richtige Kunst. Viele Menschen hielten nur die Kunstmalerei für echte Kunst.

Sophie war anderer Meinung und lernte gleich beides: Kunstmalerei und Textildesign. Doch auch das genügte ihr nicht. Sie wollte möglichst viele Materialien ausprobieren und mit unterschiedlichsten Kunstformen experimentieren. Sie zog nach München, wo sie nicht nur Holz bearbeitete und Skulpturen schuf, sondern auch Innenarchitektur studierte und sich dem Tanz widmete.

Sophies Kunst ist heiter und voller Leben: Die Formen in ihren Gemälden sind sorgfältig ausbalanciert, die Punkte scheinen regelrecht zu tanzen. Ihre Skulpturen sind elegant und häufig auch praktisch – so wie zum Beispiel ihre berühmte Puderdose aus Holz.

Als 1914 der Erste Weltkrieg ausbrach, zog Sophie aus Deutschland zurück in die neutrale Schweiz und liess sich in Zürich nieder. Wenig später flüchteten Tausende Flüchtlinge aus den Kriegsgebieten und suchten Zuflucht in der sicheren Schweiz, unter ihnen berühmte Künstlerinnen und Künstler aus ganz Europa. Zürich wurde zu einem Tummelplatz für Kunst und Kultur, und Sophie war in diesem Geschehen mittendrin.

Sophie und ihre Freunde mussten ohnmächtig zusehen, wie der Krieg eine verheerende Spur durch ganz Europa zog. Der Krieg tötete Millionen von Menschen, er war so sinnlos! Sophie und ihre Freunde reagierten mit einem schöpferischen Aufschrei. Ihre Kunst widerspiegelte die Welt, die jeglichen Sinnes beraubt worden war. Eine neue Kunstform war geboren: der Dadaismus.

Eben weil diese Kunstform so neu, ungewohnt und andersartig war, betrachteten die meisten Menschen den Dadaismus als etwas Dummes, Unnützes und gar Gefährliches. Als die Schule, an der Sophie unterrichtete, von ihrem Kontakt zu den Dadaisten erfuhr, drohte man ihr mit der Kündigung. Aber Sophie konnte es nicht riskieren, ihre Arbeit zu verlieren. Deshalb widmete sie sich ihrer dadaistischen Kunst nur noch im Geheimen. Unter einem falschen Namen gestaltete sie futuristisch anmutende Marionetten, entwarf Kostüme für Theateraufführungen, arbeitete als Maskenbildnerin, malte Bühnenbilder und tanzte zu experimenteller Poesie.

Im Jahre 1928 hatte sich Sophie einen eigenen Namen gemacht. Sie konnte nun von ihrer Kunst leben und ihren Lehrerberuf an den Nagel hängen. Jetzt konnte sie auch endlich zu ihrer Kunst und zu sich selbst stehen. Heute gilt Sophie Taeuber-Arp als eine der Wegbereiterinnen der Kunst des 20. Jahrhunderts.

«Die Fröhlichkeit des Geistes ist ein Zeichen von Stärke.»

Margrit Läubli

Die Königin des Kabaretts

*** 1928**

Margrit Läubli stand auf der Bühne des Cabaret Cornichon und war etwas verunsichert. Sie wusste, dass man in einem Kabarett sang, tanzte und Witze riss. Aber wie genau sollte man da vorsprechen? Sie hatte keine Ahnung! Sie bekam einen lustigen Text zum Vorlesen und die Anweisung, ein Lied zu singen. Sie wählte das Lied «Rufst du, mein Vaterland», die damalige langweilige Schweizer Nationalhymne. Offenbar machte sie ihre Sache gut: Einen Augenblick später war sie eingestellt!

Als Kind in Zürich träumte Margrit davon, Balletttänzerin zu werden. Im Alter von sechzehn Jahren erlaubte ihr die Mutter, die zwanzig Franken, die sie in ihrer Schneiderinnenlehre verdiente, für Ballettstunden auszugeben. Margrit eilte zum Stadttheater, um sich anzumelden, aber der Unterricht war in der Zwischenzeit teurer geworden und kostete jetzt fünfundzwanzig Franken. Das konnte sie sich nicht leisten! Doch anstatt einfach aufzugeben, verlangte die junge Magrit, den Direktor zu sprechen. Beeindruckt von ihrem Mut, lud der Direktor sie zum Vortanzen ein. Sie hatte noch nie Ballettstunden genommen, deshalb improvisierte sie und ahmte Bewegungen nach, die sie bei Tänzerinnen gesehen hatte. Der Direktor meinte, sie habe Talent, und verhalf ihr zu einem Stipendium, das alle ihre Unterrichtsstunden deckte.

Fünf Jahre lang tanzte Margrit in Zürich und Paris. Sie liebte das Tanzen in einer Truppe, wäre aber auch gerne als Solokünstlerin aufgetreten. Sie wollte Tanz mit Sprache verbinden. Jemand von der Ballettchoreografie erwähnte, das Cabaret Cornichon sei auf der Suche nach neuen Künstlerinnen und Künstlern. Ein Kabarett war genau das Richtige! Hier durfte man seinen Spass mit dem ernsten Tagesgeschehen haben und es erträglicher machen. Margrit wusste, dass Lachen die beste Medizin ist. Und sie wollte ihr Lachen allen schenken.

Ein paar Jahre später lernte Margrit César Keiser, einen talentierten Kabarettisten aus dem Cabaret Fédéral, kennen. Zwischen ihnen funkte es – es war Liebe auf den ersten Blick! Zusammen verliessen sie kurz darauf das Cabaret Fédéral, erarbeiteten sich ihre eigene Zwei-Künstler-Show und begeisterten und belustigten damit fünfundvierzig Jahre lang ihr Publikum.

Nach einer ihrer Vorstellungen lachten die beiden einmal laut bis spät in die Nacht, als es an der Tür klopfte: Nachbarn hatten sich über den Lärm beklagt und die Polizei gerufen. Als die beiden Polizisten ankamen, stellten sie sich unters Fenster und hörten Margrit und Césars witzigen Dialogen zu. Schliesslich baten sie die beiden Kabarettisten, weiterzumachen, aber doch bitte zuerst das Fenster zu schliessen.

César verstarb 2007. Nach seinem Tod beschloss Margrit, ihre Show müsse weitergehen: Bis heute führt sie immer noch ihre gemeinsamen Texte auf und spielt dabei beide Rollen. Damit beschert sie ihrem Publikum viele Lacher – in guten wie in schweren Zeiten.

«Ich will ein interessantes Leben, nicht ein problemloses.»

Josephine Clofullia

Die Frau mit dem Bart

1831–1870

Im Juli 1853 zahlte William Chaar fünfundzwanzig Cent Eintritt in P. T. Barnums amerikanisches Museum, um kurz darauf wütend hinauszustürmen. Er verklagte das Museum mit der Begründung, dass Madame Josephine Clofullia, die berühmte Schweizer Bartdame, gar keine Dame sei, sondern ein Mann in Frauenkleidern. Doch mehrere Zeugen – unter ihnen drei Ärzte – bestätigten, dass Josephine tatsächlich eine Frau war. Bloss eine sehr behaarte Frau.

Als Josephine Boisdechêne in Versoix auf die Welt kam, bedeckte eine dünne, flaumige Haarschicht ihre Haut. Ihre Eltern waren nicht beunruhigt – bis ein Teil dieser Flaumschicht bereits im Alter von zwei Jahren zu einem richtigen Bart wuchs! Die Ärzte waren verblüfft. Der einzige Rat, den sie geben konnten, war, die Schnurrhaare des Mädchens niemals zu rasieren, weil sie vielleicht noch dicker werden könnten. So wuchs Josephines Bart weiter. Nichtsdestotrotz wurde sie genau wie andere Mädchen aus der Mittelschicht erzogen: Sie lernte, eine Dame zu sein. In der Schule zeichnete sie sich durch ihre Handarbeit, Etikette und Haltung aus. Ihre Schulkameradinnen und Nachbarn gewöhnten sich an ihr bärtiges Gesicht und machten am Ende keine grosse Sache draus.

Aber für diejenigen, die sie nicht kannten, war Josephine eine Kuriosität. Als Teenager war ihr Bart voll, dunkel und über fünfzehn Zentimeter lang. Sie wohnte direkt gegenüber dem eleganten Hotel du Lac in Versoix und wurde oft von Hotelgästen gesehen. Das sprach sich herum, und schon bald erhielt Josephine Angebote von Theatern und Kuriositätenshows. Ihr Vater lehnte alles ab, bis einmal so viel Geld angeboten wurde, dass er nicht nein sagen konnte. Josephine und ihr Vater machten sich mit einer Theatergruppe aus Lyon auf den Weg und tourten durch ganz Frankreich. Sie trug romantische Kleider aus Rüschen und Spitze und frisierte ihren Bart wie den von Napoleon III., dem französischen Kaiser. Es wurde gemunkelt, dass Napoleon III. sich dadurch so geschmeichelt fühlte, dass er ihr einen grossen Diamanten schenkte – den sie im Bart trug.

Josephine heiratete und tourte unter dem Namen Madame Clofullia durch ganz Europa. Sie brachte einen kleinen Jungen zur Welt – und auch er hatte einen Bart! Man lud sie nach New York ein, wo sie an einer Kuriositätenshow in P. T. Barnums amerikanischem Museum teilnahm. Dort war Josephine mit ihrem kleinen Sohn ausgestellt, neben einer Riesin, einer Albinodame und der kleinsten Frau. Um die Aufmerksamkeit auf die Ausstellung zu lenken, dachte sich P. T. Barnum einen Trick aus. Er liess William Chaar ins Museum gehen, behaupten, die Schweizer Bartdame sei in Wirklichkeit ein Mann, und das Museum verklagen! Dieser Werbegag wirkte Wunder! In den darauffolgenden Jahren reisten weit über drei Millionen Menschen allein aus Amerika her, um Josephine Clofullia zu sehen. Am Ende tourte sie durch die ganze Welt und wurde zu einer der berühmtesten Bartdamen aller Zeiten.

«Josephine Clofullia ist in jeder Hinsicht eine perfekte Dame.»
New Albany Daily Ledger, 1854

Simone Schwegler

Die Frau, die gerne improvisiert

*** 1984**

Das Publikum brüllte vor Lachen. Simone, die in der ersten Reihe sass, liefen die Tränen übers Gesicht, während die Schauspielerinnen und Schauspieler spontan Figuren und Szenen erfanden – ganz ohne Drehbuch! Simone hatte noch nie zuvor Improvisation gesehen, und es war Liebe auf den ersten Blick.

Als Teenager in Zürich liebte Simone es, Theaterstücke zu erfinden und aufzuführen, aber eine professionelle Schauspielerin zu werden, war ihr nie in den Sinn gekommen. Sie wusste nicht wirklich, was sie beruflich machen wollte, aber es musste kreativ sein und mit Menschen zu tun haben. Also probierte sie viele Dinge aus, arbeitete etwa auf einer Farm mit geistig behinderten Menschen und schloss sich eine Weile lang sogar einem Zirkus in Costa Rica an.

An dem Abend, an dem sie 2005 ihre erste Improvisationsvorstellung besuchte, änderte sich alles. Im Gegensatz zum klassischen Theater erfinden Improvisationsschauspielerinnen und -schauspieler Charaktere, Szenen und Geschichten direkt auf der Bühne. Die Kreativität und Spontaneität dieser Kunst begeisterte Simone, und sie bewunderte, wie die Mitwirkenden immer wieder auf den Ideen der anderen aufbauten.

Als Simone nach Hause eilte und «Improv» googelte, fand sie einen Kurs am Dienstagabend – demselben Abend, an dem sich ihre Amateurtheatergruppe traf. Sie erwartete, dass alle auf sie sauer sein würden, wenn sie ging. So war sie völlig überrascht, als sich die ganze Gruppe mit ihr gemeinsam in diese neue Art von Theater stürzte.

Zu dieser Zeit war Improvisation in der Schweiz noch nicht sehr bekannt. Alle dachten, Improvisationskünstlerinnen und -künstler seien einfach zu faul, um das Drehbuch zu lernen. Es gab keine weiblichen Vorbilder, und es war unmöglich, damit seinen Lebensunterhalt zu verdienen. Aber Simone war fest entschlossen, Improvisationstheater irgendwie zu ihrem Beruf zu machen.

Ein paar Jahre lang arbeitete sie als Grundschullehrerin, um ihre Rechnungen zu bezahlen, und spielte nebenbei Improvisationstheater. Aber als die Grundschule jemand anderen einstellte, war sie arbeitslos. Ihr Freund Gerry ermutigte sie, nun ihren Traum zu verwirklichen. Simone ging nach Chicago und dann nach Calgary, um mit Pionierinnen und Pionieren der Improvisation zu studieren und aufzutreten.

Nach zwei Jahren, in denen sie mit Gerry in ganz Europa auftrat und Improvisation unterrichtete, schloss sich Simone *anundpfirsich* an, der ersten professionellen Improvisationstruppe der Schweiz. Sie fanden einen Theaterraum, um aufzutreten und zu unterrichten. Heute unterrichtet Simone sogar Improvisationstechniken wie Zusammenarbeit und Flexibilität, um Geschäftsleuten zum Erfolg zu verhelfen. Als Miteigentümerin und ehemalige künstlerische Leiterin von *anundpfirsich* haben Simones Ideen und Auftritte dazu beigetragen, dass Improvisation in der Schweiz immer beliebter wurde und andere Frauen dazu inspiriert waren, professionelle Improvisationsschauspielerinnen zu werden.

Nun liebt Simone nichts mehr als ein Publikum, das über sie lacht. Sei es, weil ihr imaginäres Eigelb über den Kopf läuft, sie wie Superwoman durch die Luft fliegt oder einfach wegen eines lächerlichen Missverständnisses. Das ist grosse Improvisation, und davon lebt sie.

Clotilde Bressler-Gianoli

Die Frau, die das Singen liebte

1875–1912

New York, 1907. Clotilde Bressler-Gianoli sang im Manhattan Opera House in New York die *Carmen,* als sie einen tiefen Stich in den Arm bekam. Eigentlich sollte der Dolch aus der Requisite stammen und nicht scharf sein, doch jemand hatte einen Fehler gemacht. Als ihr der Sänger von Don José auf der Bühne stattdessen eine echte Klinge in den Arm rammte, floss Blut – und Clotilde sank zu Boden! Aber das liess sie nicht verstummen: Sie sang am nächsten Tag mit verbundenem Arm einfach weiter.

Clotilde wuchs in Genf in einer Künstlerfamilie auf. Ihr Vater arbeitete als Dekorateur, ihre Brüder waren Bildhauer und Maler. Mit vier Jahren begann sie, Klavier zu spielen, und gab bereits mit sieben ihr erstes öffentliches Konzert. Doch obwohl Clotilde schon in jungen Jahren viele Preise gewann, merkte sie rasch, dass ihre wahre Liebe dem Singen galt. Und so studierte sie mit sechzehn in Genf und Mailand Operngesang.

Clotildes Stimme war allerdings untypisch für dieses Fach, sie verfügte über eine enorme Bandbreite, von tiefem Alt bis zu hohem Sopran. Damit gelang es ihr, beim Singen einen ganz besonderen Zauber zu entfalten. Zudem hatte sie eine erstaunliche Bühnenpräsenz. Wenn sie auftrat, konnte das Publikum, angezogen wie von einem Magnet, die Augen nicht von ihr abwenden. Sie nahm die Menschen mit auf ein theatralisch-musikalisches Abenteuer ... und wurde dafür schwärmerisch geliebt.

Clotilde war bald ein internationaler Star. Nach ihrem ersten Konzert in Genf trat sie in grossen Städten wie London, Lyon, New York, Marseille, Brüssel, San Francisco und Mailand auf, wo sie die grössten Opernrollen sang und ihnen eine unverwechselbare Note gab. Der riesige Erfolg stellte sie nun allerdings vor die Wahl zwischen einer internationalen Bühnenkarriere, bei der sie während der Saison ständig unterwegs war, und einem geregelten Familienleben. Letztlich sagte sie ja zu Heirat, Mann und Kind. Doch das hiess nicht, dass sie die Musik komplett an den Nagel hängte! Immer noch ein gefeierter Star, sang sie weiterhin ihre Lieblingsopern. Wobei ihr nun sehr wichtig war, dass sie entscheiden konnte, wo und was sie sang. Als sie eine Zeitlang in New York auftrat, nahm sie ihren Sohn Henri sogar mit. Sie unterrichtete auch am Konservatorium in Lausanne, wo sie ihre Schüler mit ihrer Leidenschaft und ihrem musikalischen Talent begeisterte.

Als Clotilde 1912 starb, segnete mit ihr nicht nur eine Sängerin und eine Bühnenkünstlerin, sondern auch eine Lehrerin, eine Mutter und eine Ehefrau das Zeitliche. Ihr ganzes Leben war von einer grossen Leidenschaft für die Musik und die Bühne erfüllt gewesen – der nicht einmal ein Messerstich einen Dämpfer hatte versetzen können.

«Wenn sie die Carmen spielte, lockte sie mit unverhohlener Verruchtheit und all der Hinterlist und Treulosigkeit, an die man bei Verruchtheit denkt.»

The New York Times, 15. Dezember 1906

TIME TO ACT
im missing
math test
SAVE OUR ONLY HOME
ACTION NOW!
TIME IS RUNNING OUT
THERE IS NO PLANET B
NO MORE
CLIMATE JUSTICE NOW!
SYSTEM CHANGE NOT CLIMATE CHANGE
WHAT I STAND FOR IS WHAT I STAND ON
STRIKE for CLIMATE
THE CLIMATE
SAVE OUR

Marie-Claire Graf

Die Frau, die sich fürs Klima einsetzt

*** 1996**

Als Kind wanderte Marie-Claire Graf einst mit ihren Eltern zum Morteratsch-Gletscher. Sie hatte sich einen riesigen, mächtigen weissen Koloss am Berghang vorgestellt. Nun stand sie davor und war furchtbar enttäuscht. Was sie sah, war eine trostlos anmutende graue Eisplatte mit vielen Falten drin! Die Eltern erklärten Marie-Claire, dass der Gletscher im vergangenen Jahrhundert mehr als zwei Kilometer geschrumpft sei und dass er Jahr für Jahr weiter schrumpfen würde. Einer der grössten Gletscher der Ostschweiz drohte gänzlich zu verschwinden. Dies war das erste Mal, dass Marie-Claire mit der Klimaerwärmung konfrontiert wurde.

Als Marie-Claire in Gelterkinden, Basel-Landschaft, heranwuchs, liess sie sich von Bruno Manser, der sich für den Regenwald starkmachte, inspirieren. Aber auch von Ursula Brunner, die sich für fairen Handel einsetzte. Marie-Claire wollte gegen den Klimawandel kämpfen, aber wusste nicht wie. Ihre Mitmenschen schienen sich nicht besonders darum zu scheren: Marie-Claire fühlte sich wie eine trostlose Einzelkämpferin.

Doch als sie zum Studium nach Zürich zog, traf Marie-Claire von einem Tag auf den anderen eine ganze Truppe junger Menschen, die sich fürs Klima einsetzen wollten. Mit ihren neuen Freunden organisierte Marie-Claire an ihrer Universität eine Nachhaltigkeitswoche mit Workshops, zum Beispiel über Schildkröten und Plastikverschwendung. Auch vegane Kochkurse wurden angeboten. Zum Abschluss der Woche wurde ein reichhaltiges «Zero-Waste-Buffet» aufgetischt. Es bestand aus Essensresten, die an nur einem Abend in nahe gelegenen Restaurants gesammelt worden waren: Lebensmittel, die sonst alle weggeworfen worden wären!

Die Woche erwies sich als Riesenerfolg. Weltweit griffen Studierende an anderen Universitäten die Idee auf und organisierten nun ihre eigenen Nachhaltigkeitswochen. Marie-Claire nahm an internationalen Klimakonferenzen teil, aber sie war erst zweiundzwanzig Jahre alt. Die wenigsten Menschen nahmen sie ernst genug. Wie konnte sich die Klimajugend nur Gehör verschaffen?

Dann, Anfang Dezember 2018, traf Marie-Claire auf einer Konferenz mit Greta Thunberg zusammen. Ein halbes Jahr zuvor war Greta noch eine Teenagerin gewesen, die alleine vor dem schwedischen Parlament gestreikt hatte. In der Zwischenzeit hatte sie bei der UNO gesprochen und war weltberühmt.

«Warum streikst du nicht einfach?», schlug Greta vor. Marie-Claire wollte es versuchen. Sie startete eine Schulstreikgruppe auf ihrem Smartphone. Innerhalb von wenigen Stunden hatten sich Hunderte Menschen der Gruppe angeschlossen, und nur ein paar Wochen später fand der erste Schulstreik in Zürich statt. Marie-Claire wusste nun, dass sich viele Menschen fürs Klima engagieren wollten. Es ging nur darum, alle zusammenzutrommeln.

Im September 2019 gingen weltweit sechs Millionen Kinder auf die Strasse und forderten die Regierungen auf, etwas gegen den Klimawandel zu unternehmen. Allein in der Schweiz marschierten hunderttausend Menschen. An vorderster Front: Marie-Claire Graf.

Marthe Gosteli

Die Frau, die Frauengeschichte schrieb

1917–2017

Als Marthe Gosteli vierzig Jahre alt war, starb ihr Vater. Er überliess Marthe, ihrer Schwester und ihrer Mutter den Hof der Familie in Worblaufen, Bern. Das Problem dabei war – es war 1957. Um ihren Hof zu behalten, benötigten die drei Frauen damals die Zustimmung eines Mannes, und das aus dem einzigen Grund, dass sie Frauen waren!

In der Zeit, in der Marthe aufwuchs, wurde von Mädchen erwartet, dass sie Stricken, Nähen und Kochen erlernten, während die Buben Geschichte, Naturwissenschaften und Geometrie studierten. Mädchen brauchten doch keine Mathematik, um zu Müttern und Hausfrauen heranzuwachsen!

Damals hatten Schweizer Frauen auch noch kein Stimmrecht, aber Marthes Eltern, die sich beide für Politik interessierten, waren der Meinung, dass Frauen eine Stimme in der Regierung haben sollten. 1928, als Marthe elf Jahre alt war, nahmen sie sie zur Parade der Schweizerischen Ausstellung für Frauenarbeit in Bern mit. Auf einem der Umzugswagen war eine riesige Modellschnecke zu sehen, die die Frustration der Frauen darüber ausdrückte, wie langsam die Regierung auf ihre Forderung nach dem Stimmrecht reagierte.

1949 trat Marthe dem Berner Frauenstimmrechtsverein bei. Sie arbeitete auch für die amerikanische Botschaft und war beeindruckt, dass die amerikanischen Frauen schon 1920 das Stimmrecht errungen hatten. Es gab sogar eine weibliche US-Botschafterin in der Schweiz! Es war das erste Mal, dass Marthe eine Frau in einer Führungsposition traf.

Als 1957 Marthes Vater starb und den Frauen der Hof fast weggenommen wurde, musste ein Freund einspringen. Marthe wusste, dass es an der Zeit war, sich noch mehr für Frauenrechte zu engagieren. Sie trat dem Bund Schweizerischer Frauenvereine (BSF) bei und leitete die Gruppe, die sich für die politischen Rechte der Frauen einsetzte.

Marthe erreichte die Menschen auf leisen Sohlen: Sie erstellte Flugblätter und ging von Tür zu Tür, um über das Frauenstimmrecht zu sprechen. Sie ermutigte Frauen, sich an ihre Dorf- oder Stadtverwaltungen zu wenden und sich in ihren lokalen Regierungen zu engagieren. Sie überzeugte ihre Mitstreiterinnen, sich auch an die ihnen nahestehenden Männer zu wenden und diese aufzufordern, grüne Bänder an ihre Jacken zu heften, um ihre Unterstützung für die Frauenrechte zu zeigen. Letztendlich funktionierte diese stille Taktik!

Am 7. Februar 1971 stimmten zwei Drittel der Schweizer Männer endlich für das Frauenstimmrecht. Dies lenkte die Aufmerksamkeit auf die anderen dringenden Themen, die Frauen betrafen: das Recht, ein eigenes Bankkonto zu führen, gleichen Lohn zu erhalten, Eigentum zu besitzen und bezahlten Mutterschaftsurlaub zu bekommen.

Marthe wusste, dass die männerdominierte Regierung die wichtigen Dokumente, Plakate, Fotos und Geschichten der Frauenstimmrechtsbewegung nicht sammeln und archivieren würde. Um zu verhindern, dass die Geschichte der Schweizer Frauenstimmrechtsbewegung verloren ging, stiftete Marthe das Haus der Familie Gosteli und begann, es mit historischen Gegenständen zu füllen. Noch heute kann man die Gosteli-Stiftung besuchen und etwas über all die tapferen Schweizerinnen erfahren, die so lange für ihr Stimmrecht gekämpft haben.

Rocio Restrepo

Die Frau, die in der Schweiz ihren Platz fand

*** 1961**

Zwischen 2005 und 2007 stromerte Rocio Restrepo, immer mit Stift und Notizbuch bewaffnet, durch Genf und unterhielt sich mit Ausländerinnen. Sobald sie hörte, dass eine Frau in einer fremden Sprache oder mit Akzent sprach, war das für sie das Startsignal. Ob im Supermarkt, im Park oder auf der Strasse – Rocio ging auf die Frauen zu, stellte sich vor und befragte sie. Was sie zu hören bekam, bestätigte ihre Vermutung. Doch ... was konnte sie tun?

1999 hatte Rocio ihre Heimat Kolumbien verlassen müssen. Das Land befand sich seit Jahrzehnten im Bürgerkrieg, und obwohl sie dort ihr Auskommen hatte, wurde das Bleiben für sie zu gefährlich. Mit ihrem Ehemann und ihren Kindern suchte sie Zuflucht in Genf.

Rocio war dankbar, in Sicherheit zu sein. Allerdings machte ihr Genf, wenn auch aus anderen Gründen, Angst. Alles war so fremd. Sie kannte niemanden. Sie sprach kein Französisch. Die Genfer kniffen Babys nicht zärtlich in die Wange und unterhielten sich auch nicht lauthals quer über die Strasse hinweg. Die hier einen Namen hatte, keine Nummer, und das Strassennetz war nicht gitterförmig angeordnet, was die Orientierung erschwerte. Rocio musste alles von Grund auf lernen. Sie fühlte sich wie ein kleines Kind und nicht wie eine achtunddreissigjährige gestandene Frau!

In Kolumbien hatte Rocio als Personalmanagerin gearbeitet. Doch in der Schweiz wurden ihre Hochschulabschlüsse und ihre achtzehnjährige Berufserfahrung nicht anerkannt. Sie bewarb sich vergeblich auf mehr als zweihundert Stellen! Obwohl sie studiert hatte und in ihrem Beruf viele Jahre erfolgreich gewesen war, ging sie schliesslich putzen und jobbte als Babysitterin.

Rocio war deprimiert und verlor ihr Selbstvertrauen. Doch sie wollte es wissen: Lag es an ihr – oder hatten andere Migrantinnen die gleichen Probleme?

Also schnappte sie sich Stift und Notizbuch und startete eine Umfrage. In ganz Genf interviewte sie Migrantinnen, sie erkundigte sich nach ihrer Ausbildung und Berufserfahrung und setzte dies ins Verhältnis zu ihren jetzigen Jobs in der Schweiz. Das Ergebnis sprach Bände: Hochqualifizierte Migrantinnen arbeiteten nicht in den Berufen, für die sie ausgebildet waren. Sondern als Kindermädchen und Putzfrauen, und wie Rocio waren sie darüber sehr unglücklich.

Rocio beschloss, dass sich das schleunigst ändern musste. 2007 gründete sie eine Organisation namens *découvrir* (entdecken), die Migrantinnen dabei helfen sollte, sich neue Ziele zu stecken, das Selbstvertrauen wiederzugewinnen und Stellen zu finden, die ihrer Ausbildung und Erfahrung entsprachen. Inzwischen unterstützt *découvrir* jährlich Hunderte von Frauen dabei. Und hilft damit nicht nur ihnen, sondern auch der Schweiz, die durch den grossen Pool von Wissen und die vielfältigen Erfahrungen bereichert wird.

Es hat lange gedauert, bis Rocio nach ihrer Ankunft in Genf einen Weg fand, ihre Fähigkeiten gewinnbringend einzusetzen. Sie will, dass es für andere Frauen schneller geht. Deshalb unterstützt sie qualifizierte Migrantinnen und besteht darauf, dass diese wiederum anderen helfen. Gemeinsam machen sie die Schweiz zu ihrer Heimat. Für jede Frau.

«Indem wir andere unterstützen und füreinander da sind, erleichtern wir uns das Leben, und es bekommt einen Sinn.»

Maria-Theresia Zwyssig

Die Frau, die weiter geht

*** 1986**

Mitten im Schnee wandten sich ihre Träger von Maria-Theresia ab. «Was ist los?», schrie sie ausser sich. Vergeblich. Wortlos kehrten die Träger mit dem ganzen Material um und stiegen zurück ins Tal – knapp drei Wochen nach Expeditionsbeginn. Am Boden zerstört, brach Maria-Theresia zusammen. Auf der höchsten Trekking-Route der Welt hatte sie allein keine Chance. Sie musste umkehren.

Als Teenager in Seelisberg, Uri, träumte Maria-Theresia davon, einen Rega-Rettungshubschrauber zu fliegen. Aber bei der Berufswahl konnte sie sich für nichts begeistern, bis jemand ihr vorschlug, in Nepal Englisch zu unterrichten. Drei Monate lang lebte sie bei der Familie Tsewang in einem abgelegenen Bergdorf. Sie fühlte sich wie zu Hause und wusste, dass dies nicht ihr letzter Besuch sein würde.

Fünf Jahre später: Maria-Theresia beschliesst, ihre Gastfamilie zu besuchen – und von der Schweiz aus mit dem Fahrrad zu starten. Alleine. Nie zuvor hatte sie ein ähnliches Abenteuer unternommen. Jetzt wollte sie es wissen. Ein Jahr Fahrzeit, 10'333 Kilometer Strecke, zweiundzwanzig Länder entlang der Seidenstrasse bewältigte sie. Und lernte dabei, nicht aufzugeben.

Eines Tages las sie vom Great Himalayan Trail (GHT) in Nepal, der anspruchsvollsten und höchsten Trekking-Route der Welt. Nur wenige Menschen hatten den ganzen, 1711 Kilometer langen Trail von Anfang bis Ende gemeistert, der im Durchschnitt 150 Tage dauert. Maria-Theresia trainierte für diese Herausforderung auf dem Fahrrad: Sie legte 15'000 Kilometer zurück; ihr Weg führte durch Russland, Japan und China. In Kathmandu, der Hauptstadt Nepals, erhielt sie ein Touristenvisum für genau 150 Tage. Das musste reichen, um den Trek zu organisieren und den ganzen GHT zu bezwingen.

Nach drei Wochen Trekking sprang die Haut an ihren Fingerkuppen in der kalten, trockenen Luft auf und blutete. Aber der Weg durch das bitterkalte Dach der Welt war ein kleineres Problem als ihr Team. Ihr Bergführer und die Träger waren schlecht vorbereitet und liessen sie im Stich. So musste Maria-Theresia umkehren.

Wieder in Kathmandu fliessen die Tränen. Was sollte nun aus ihrem Traum werden? Maria-Theresias Visum galt nur noch 90 Tage ... Sie hatte Glück: Sanjip, ein neuer Bergführer, hatte einen Plan und ein erfahrenes Team: 89 Tage trekken, 14 Stunden und bis zu 20 Kilometer pro Tag. Maria-Theresia war nicht sicher, ob sie das schaffen würde.

Zusammen durchquerten sie eisige Gebirgsflüsse und bezwangen über siebzehn 5000 Meter hohe Pässe – das alles in fast 1000 Stunden Trekking-Zeit! Sanjip motivierte Maria-Theresia sogar dann zum Weitergehen, als sie von Kopf bis Fuss mit Blutegeln bedeckt war. Das ganze Team kämpfte sich durch die bittere Kälte, die extreme Höhe, Verletzungen und Erschöpfung und meisterte den GHT gemeinsam!

Für Maria-Theresia war der GHT mehr als ein blosses Abenteuer. Sie lernte, dass ein Mensch allein zu vielem fähig ist, ein gutes Team aber das Unmögliche wahr machen kann.

«Wenn ich meine Grenzen verschiebe und mein Herz öffne, kann ich meinen Traum leben.»

Katharina Samara-Wickrama

Die Frau, die Frauen zu einer Stimme verhilft

*** 1963**

Als Katharina Samara-Wickrama acht Jahre alt war, traf sie eine gewichtige Entscheidung: Sie würde Batman werden. Das war nur logisch – sie wollte Menschen helfen, was Batman ja tut. Und brauchte einfach nur Superkraft.

Als sie älter wurde, entschied sich Katharina dann, Jura zu studieren, was ihr der realistischere Weg zu sein schien. Ihr Vater hatte ihr gesagt, sie müsse nicht die ganze Welt auf einen Schlag verändern, um sie zu einem besseren Ort zu machen. Es genüge, wenn sie das Leben jeweils eines Menschen verbesserte. Also arbeitete sie als Anwältin und ehrenamtlich in einer Frauen-Rechtsberatung, wo sie Frauen unter anderem half, sich gegen Belästigung am Arbeitsplatz zu wehren, und sie bei Sorgerechtsstreitigkeiten und in Scheidungsfragen unterstützte. Doch das reichte ihr nicht, und so heuerte sie schliesslich beim Flüchtlingshilfswerk der Vereinten Nationen an.

In Flüchtlingslagern leben die Menschen oft auf sehr engem Raum zusammen. Sie müssen sich elementare Dinge wie den Zugang zu Wasser oder die Toiletten teilen. Auch dürfen sie das Lager nicht verlassen. Viele haben nur, was man ihnen dort gibt. Daher fühlen sich Flüchtlinge oft hilflos, sind wütend oder eingeschüchtert. Nicht selten führt das zu Gewalt. Und so können die Lager für Frauen und Mädchen gefährliche Orte sein. Sie werden häufig überfallen, zum Beispiel wenn sie Wasser an einem Bach oder Feuerholz im Wald holen.

Katharinas Aufgabe war es, diesen Frauen und Mädchen zu helfen. Doch so sehr sie und ihr Team sich auch darum bemühten, die Gewalt auf irgendeinem Weg zu beenden, sie hatten keinen Erfolg. Und da merkte sie, wo das Problem lag: Niemand hatte die Frauen je gefragt, welche Unterstützung sie brauchten!

Seit Jahrzehnten entschieden Hilfsorganisationen darüber, was Flüchtlinge bekamen. Und so schickte man ihnen etwa nach einem Erdbeben in Haiti Yogamatten oder man verteilte Nahrungsmittel an sie, die sie nicht kannten und daher nicht zubereiten konnten. Dabei wussten die Flüchtlinge selbst doch am besten, was sie brauchten, damit ihr Leben einfacher und sicherer wurde! Entschieden setzte sich Katharina dafür ein, dass die Organisationen die Betroffenen anhören und an den Lösungen arbeiten sollten, die von ihnen vorgeschlagen wurden.

Da Genf das globale Zentrum für humanitäre Arbeit ist, war ihr klar, dass sie dort ansetzen musste. Es dauerte jedoch Jahre, bis Katharina Gleichgesinnte fand. Denn viele verstanden den Knackpunkt nicht und fanden, die Flüchtlinge sollten glücklich darüber sein, überhaupt irgendwelche Hilfe zu bekommen. Schliesslich aber wurde Katharina von anderen Leuten unterstützt, und sie fingen an, die Hilfsprogramme zu verändern.

Katharina wurde also weder Batman noch Superwoman. Aber sie entdeckte, dass wir alle über eine Superkraft verfügen: Wir können anderen zuhören. Und indem wir dies tun, verbessern wir die Welt – für einen Menschen nach dem anderen.

«Ich habe das alles nur erreicht, weil jemand Opfer gebracht und mir die Türen aufgestossen hat. Also fühle ich mich dafür verantwortlich, sicherzustellen, dass es die Opfer wert war.»

Ella Maillart

Die Frau, die Abenteuer liebte

1903–1997

Als Kind spielte Ella Maillart am liebsten mit ihrer besten Freundin Hermine de Saussure im Boot ihrer Familie auf dem Genfersee. Die beiden stellten sich vor, wie sie gemeinsam wilde Abenteuer erlebten, durchs Mittelmeer segelten – ihr Boot wie eine Nussschale von riesigen Wellen hin- und hergeworfen – oder neue Länder entdeckten, die sie nach Orten benannten, die sie in Büchern aufgepickt hatten – Wladiwostok, Alaska oder Sibirien. Aber Ella war ein kränkliches Kind. Wie sollte sie es jemals schaffen, so weit weg zu reisen?

Die meisten Tage verbrachte sie warm zugedeckt im Bett, bis sie entdeckte, dass es ihr viel besser ging, wenn sie sich bewegte. Von diesem Augenblick an war Ella nicht mehr aufzuhalten. Sie verbrachte den ganzen Sommer mit Segeln und den Winter mit Skifahren. Ella Maillart gründete das erste Frauen-Feldhockey-Team in Genf, nur damit sie selber spielen konnte. Mit dreizehn Jahren gewannen Hermine und Ella ihre ersten Segelregatten, und 1924 nahm Ella als einzige Seglerin an den Olympischen Spielen teil!

Ellas Eltern wollten, dass sie einen Beruf erlernte und eine Familie gründete, aber Ella hatte andere Pläne. Sie wollte gemeinsam mit Hermine von Europa aus bis nach Polynesien segeln. Zwei Jahre verbrachten die beiden damit, ihr Segelboot an der französischen Atlantikküste hochseetauglich zu machen. Aber einige Monate vor ihrer Abreise erkrankte Hermine. Die Freundinnen waren gezwungen, ihre Reisepläne aufzugeben. Hermine kehrte nach Genf zurück, verliebte sich, heiratete und liess Ella mit ihrem Boot im Stich.

Ella war untröstlich. Sie wusste nicht, wer sie war, wo sie hingehörte und was sie mit ihrem Leben anfangen sollte. Ihr war jedoch klar, dass sie so viel Zeit wie möglich in der freien Natur verbringen, den Wind auf dem Gesicht und die Erde unter den Füssen spüren wollte. Auf keinen Fall wollte sie an ein Haus in der Stadt oder an einen Beruf gebunden sein. Entgegen allen Ratschlägen und Erwartungen von Familie und Freunden machte sie sich schon bald wieder auf den Weg, diesmal ostwärts, um auf eigene Faust Russisch-Turkestan – eine der entlegensten Regionen der Welt – zu erkunden.

Ella ritt auf Pferden und wanderte mit Kamelkarawanen durch die weiten, unerforschten Gebiete Zentralasiens. Sie schlief in Nomadenzelten und Hirtenhütten, durchquerte China, während rundherum ein Bürgerkrieg tobte, bestieg die steilen Bergpässe des Himalajas, erkundete Tibet und Indien. Ihre Reisen finanzierte sie, indem sie Zeitungsartikel und Bücher über ihre Abenteuer schrieb. Sie fotografierte und filmte die Menschen, denen sie begegnete, und schleppte ihre schwere Ausrüstung überallhin mit. Ihr Film- und Fotoarchiv dokumentiert mittlerweile fast gänzlich vergessene Lebensweisen und ist zu einer Fundgrube für die Ethnografie geworden.

Schliesslich fand Ella im Walliser Dorf Chandolin – hoch oben in den Schweizer Bergen – ein Zuhause, aber sie blieb bis zu ihrem Tod 1997 voller Neugierde und gab das Reisen und Forschen nie auf.

«Lesen ist schön und gut, aber viel besser ist, die Welt selber zu erleben. Schliesslich gehört sie mir, und ich möchte sie erkunden, mit all ihren Wüsten und Bergen ...»

Anna Weckerin

Die Frau mit dem Mut für ein besonderes Kochbuch

ca. 1535–1596

Als Annas Ehemann ihr riet, ihre Heilmittelrezepte niederzuschreiben, war Anna Weckerin besorgt: Im Gegensatz zu ihm hatte sie nicht Medizin studiert, das durfte sie als Frau nicht. Was, wenn sie Fehler machte? Würden die Ärzte sie auslachen?

Über Anna ist wenig Persönliches bekannt: Im sechzehnten Jahrhundert waren die meisten Schriftsteller Männer – und Männer schrieben nicht oft über Frauen. Wenige Frauen durften Schreiben lernen, aber Anna konnte es. Sie schrieb sogar Gedichte. 1586 veröffentlichte sie *Hochzeit Spruch*, ein Gedicht über die Ehe. Es war Freunden gewidmet, die heiraten wollten.

Johann, Annas Ehemann, war zuerst in Basel, dann in Colmar Stadtarzt. Anna begleitete ihn immer, wenn er Krankenbesuche machte, und notierte sich, welche Beschwerden sie hatten. Während Johann sie behandelte, riet ihnen Anna, was sie essen könnten, um wieder auf die Beine zu kommen. Mit der Zeit eignete sie sich ein grosses Wissen über Ernährung an. Sie lernte, wie gewisse Lebensmittel Krankheiten vorbeugen oder gar heilen helfen können. Heute nennen wir das Ernährungswissenschaft, aber im sechzehnten Jahrhundert war diese Idee schlicht und einfach revolutionär!

Zu jener Zeit war der Gang zum Apotheker die einzige Alternative zum Arztbesuch. Die Apotheken der damaligen Zeit sind jedoch nicht zu vergleichen mit dem, was wir heute darunter verstehen. Sie konnten alle möglichen «Kuren» anbieten, beispielsweise Blutegel, tierischen Urin, Blut oder Knochenpulver für … nun denn, für alles Mögliche! Manche Apotheker verkauften Pulver aus Mumien als Mittel gegen Husten und Halsschmerzen! Anna und Johann zweifelten an vielen dieser «Heilmittel» und setzten stattdessen auf die heilende Wirkung bestimmter Nahrungsmittel.

Johann war so beeindruckt von Annas Wissen, dass er sie bat, ihre Beobachtungen niederzuschreiben. So konnten andere Ärzte und ihre Patientinnen und Patienten von ihrer Erfahrung profitieren. Anna befürchtete, die anderen Ärzte und Wissenschaftler würden ihre Methoden kritisieren, aber Johann versprach, ihre Arbeit wo nötig zu überarbeiten.

Als Johann 1586 starb, war Annas Buch noch nicht vollendet. Einige von Johanns Freunden hatten jedoch davon gehört und ermutigten sie, das Buch fertig zu schreiben. Sie wollten ihr Wissen auch für ihre Patientinnen und Patienten nutzen. Anna machte sich wieder an die Arbeit und beendete ihr Buch 1596. Es enthielt unter anderem Rezepte für eine frühe Version des Müsli und die Anweisung, Salat vor dem Essen mit Wasser abzuspülen. Sie empfahl sogar, den noch feuchten Salat in ein Tuch zu legen und in kreisförmigen Bewegungen über dem Kopf zu drehen … Die erste Salatschleuder war geboren!

Annas Kochbuch, *Ein köstlich new Kochbuch*, wurde im darauffolgenden Jahrhundert immer wieder herausgegeben und wurde damit zu einem der beliebtesten Kochbücher seiner Zeit.

Ruth Dreifuss

Die erste Schweizer Bundespräsidentin

*** 1940**

Ruth Dreifuss wurde in ein Haus voller Liebe – in einer Welt voller Hass – geboren.

In Europa wütete der Zweite Weltkrieg. In Nazi-deutschland wurden unter der Führung von Adolf Hitler Millionen von Juden ermordet. Ruths Eltern waren auch Juden. Sie lebten in St. Gallen, nahe der deutschen Grenze. Aus Angst vor den Nazis flohen sie immer weiter nach Westen, zuerst nach Bern, dann bis nach Genf. Als der Krieg endete, tranken Ruths Eltern ihren «Hitlerwein» – eine Flasche, die sie aufbewahrt hatten und erst trinken wollten, wenn Hitler besiegt war. Ruth war erst fünf Jahre alt und trank natürlich noch keinen Wein. Aber diese Flasche war für sie für immer verbunden mit dem Gefühl der Hoffnung auf eine bessere und fairere Welt.

Als Kind träumte Ruth davon, Archäologin oder Historikerin zu werden. Sie wollte verstehen, wie die Gesellschaften der Antike funktioniert hatten. Aber später beschloss sie, dass sie viel lieber ihre eigene Gesellschaft mitgestalten wollte. Grosse Veränderungen aber waren nur möglich, wenn man Gesetze ändern konnte. Das bedeutete, dass sie es bis in die Regierung schaffen musste.

Ruth wurde 1993 auf einer «rosaroten Welle» in die Regierung gespült. Damals demonstrierten im ganzen Land Tausende von Frauen und forderten, dass auch Frauen im rein männlichen Bundesrat – also auf der höchsten Regierungsebene – vertreten sein sollten. Nach vielen hitzigen Debatten im Parlament und drei Wahlgängen war es so weit! Ruth wurde an die Spitze des Eidgenössischen Departements des Innern gewählt. Sie kämpfte unter anderem dafür, dass Frauen besseren Zugang zu einer hochwertigen Gesundheitsversorgung und verheiratete Frauen eigene Altersrenten erhielten, und setzte sich ein für Programme, mit denen man Drogenabhängigen besser helfen konnte. Veränderungen herbeizuführen, war eine schwierige und zähe Arbeit. Aber sie schaffte es!

Ruth versuchte gar nicht erst, sich zu verstellen und sich wie die vielen Männer im Bundesrat zu benehmen. Stattdessen blieb sie sich selber treu – als starke und mitfühlende Frau. Einmal strickte sie zusammen mit Bruno Manser, einem berühmten Umweltschützer, der sich für die Rettung des Regenwaldes einsetzte, Pullover und schenkte sie ihren Kollegen, in der Hoffnung, dass sie ihre Herzen erwärmen mochten.

Ruth vergass nie, wer ihr in die Regierung verholfen hatte. An einer Wand ihres Büros hingen Fotos der Frauendemonstrationen aus dem Jahre 1993. Immer wenn Ruth sich unsicher fühlte, blickte sie auf die hoffnungsvollen Augen dieser Frauen, und das gab ihr Kraft.

1999 war Ruth die erste Frau und die erste Jüdin, die Bundespräsidentin wurde. Das war ein riesiger Meilenstein, im ganzen Land wurde gefeiert. Ruth wusste jedoch, dass noch viel Arbeit vor ihr lag. Am härtesten kämpfte sie für die Menschen, die von Regierenden häufig vernachlässigt werden – für Flüchtlinge, Frauen, Drogenabhängige, Kranke und Arme.

Ruth zog sich 2002 aus dem Bundesrat zurück, aber sie setzt sich immer noch dafür ein, die Welt zu einem Ort zu machen, wo Hoffnung und Gleichberechtigung wie der feierlich entkorkte «Hitlerwein» ihrer Eltern frei fliessen – an jedem Tisch, an jedem Tag.

«Demokratie leidet, wenn Menschen in zu ungleichen Verhältnissen leben.»

91

Eva Nidecker

Die Frau, die die Zukunft der Fitness prägt

*** 1980**

Eva Nidecker stand in der Ankunftshalle am Flughafen. Sie konnte es nicht glauben, aber die Kurse, die sie bei Open Ride anbot, waren so beliebt, dass die Leute nach Zürich flogen, nur um ihr Indoor-Cycling-Studio auszuprobieren!

Vom ersten Mal an war Eva wie besessen vom Indoor Cycling. Es war anders als jeder andere Fitnesskurs, den sie bisher ausprobiert hatte. Der abgedunkelte Raum verschärfte ihre Sinne, Eva konzentrierte sich auf ihren Körper, der sich im Rhythmus der Musik bewegte – alles andere schmolz dahin. Im Dunkeln zum Beat der Musik zu pedalen, war berauschend. Sie wollte diese Erfahrung allen Menschen zugänglich machen.

Aber die Kurse, an denen sie teilnahm, schienen nur Leute anzuziehen, die sich bereits für Fitness interessierten. Sie waren voll von sportlichen jungen Frauen, und es fehlte an gemischtem Publikum. Da kam Eva auf die verrückte Idee, ein eigenes Cycling Studio zu eröffnen: ein Studio, in dem Menschen jeden Alters, jeder Herkunft und jedes Fitnesslevels willkommen wären. Sie war von ihrem Einfall so überzeugt, dass sie ihren langjährigen Job als erfolgreiche Radio-, Fernseh- und Eventmoderatorin aufgab, um ihre Idee in die Tat umzusetzen.

Da Eva keinen Hintergrund in der Fitnessbranche hatte, wusste sie, dass sie Hilfe brauchte. Also stellte sie Rebekah Abdeen, eine top Indoor-Cycling-Trainerin und DJ aus London, als ihre kreative Partnerin ein. Gemeinsam entwickelten sie ein ganz neues Fitnesskonzept und beschlossen, das Projekt Open Ride zu nennen.

Eva war in einer musikalischen Familie in Basel aufgewachsen und hatte erlebt, wie Livemusik Menschen zusammenbringen kann. Sie wusste auch, wie wichtig gute Klangqualität ist, und so war ihr Studio das erste, das mit Akustikplatten und einem hochwertigen Soundsystem ausgestattet wurde. Durch die Verschmelzung von Kultur und Fitness würden DJs, Musikerinnen und Breakdancer Live-Auftritte geben, während die Leute in die Pedale treten. Eva konzipierte sogar eine wilde Laserlichtshow, sodass die Teilnehmenden das Gefühl hatten, in einer Rakete durch den Weltraum zu sausen.

Anstatt wie andere Studios nach normalem Fitnesspersonal zu suchen, lud Eva Performer und Tänzerinnen und Tänzer zum Vorstellungsgespräch ein. Sie wollte inspirierende, kreative Menschen, die Musik lieben, um ihre Kurse zu unterrichten. Bei Open Ride ist es nicht ungewöhnlich, dass ein Balletttänzer, eine Anwältin oder gar ein Fashion-Model einen Indoor-Cycling-Kurs gibt.

In weniger als zwei Jahren verwirklichte Eva ihren Traum, Indoor Cycling für ganz normale Menschen zugänglich zu machen. Und nicht nur das, sie ermöglichte eine völlig neue Erfahrung, die Menschen durch die Macht der Musik zusammenbringt. Mit der Unterstützung ihres Teams bei Open Ride gestaltet sie die Zukunft der Fitness. Menschen aus der ganzen Welt sind von ihrer Idee begeistert und machen mit. Evas Einfall entpuppte sich als gar nicht so verrückt!

«Nichts läuft so, wie man es erwartet. Man muss flexibel sein und sich anpassen, ohne seine Ziele aus den Augen zu verlieren.»

Margrith Bigler-Eggenberger

Die erste Bundesrichterin der Schweiz

*** 1933**

Am Tag ihrer Wahl hatte Margriths Vater schockierende Neuigkeiten für sie. Jemand hatte ihre Bewerbungsunterlagen für das Amt der Bundesrichterin in die Hände bekommen und ihre gesamte berufliche Erfahrung aus dem Lebenslauf entfernt. Jetzt sah es so aus, als wollte eine einfache Hausfrau Richterin werden. Und das kurz bevor die Papiere an die Bundesversammlung gingen! Margrith wusste zwar nicht genau, wer das getan hatte, aber es war kein Geheimnis, dass viele ihrer männlichen Richterkollegen nicht gerade davon begeistert waren, eine Frau in ihren Reihen zu begrüssen.

Magrith wuchs in Henau, St. Gallen, in einer politisch aktiven Familie auf. Zu Hause wurde offen über Themen gesprochen, die dort, wo sie lebten, eine grosse Rolle spielten: etwa, dass die Arbeiter in ihrem Dorf zu wenig verdienten; dass viele Menschen nicht genug Geld hatten, um ihre Familien zu ernähren; und über die Probleme, denen sich die Flüchtlinge aus Österreich und Deutschland nach dem Zweiten Weltkrieg gegenübersahen. Margrith nahm an den Treffen der örtlichen Frauengruppe teil, wo viel über die Gleichberechtigung der Frau diskutiert wurde.

Als Jugendliche besuchte Margrith Bigler bei einer Klassenfahrt nach Genua den berühmten Friedhof Staglieno und las dort auf einem Grabstein die Inschrift: «Unermüdlich im Kampf für die Armen». Da ging ihr ein Licht auf – sie wusste plötzlich, was sie zu tun hatte!

Mit diesem Ideal als Leitschnur studierte Margrith Rechtswissenschaften in Genf und Zürich. Rasch stellte sie fest, dass sie es als Frau in einem von Männern dominierten Beruf nicht leicht haben würde. Ihre Kollegen taten alles Erdenkliche, um sie zum Aufgeben zu bewegen. Sie wurde dazu verdonnert, in der Abteilung für Familienrecht zu arbeiten, weil Frauen angeblich dorthin gehörten. Neue Büromöbel wurden ihr verweigert, weil man annahm, dass sie sowieso nicht lange bleiben würde. Und weil den Männern Margriths Meinung nicht passte, wurde sie übel beschimpft. Doch sie setzte sich gegen die Rüpel durch. Sie arbeitete nicht nur als Juristin, sie veröffentlichte auch Artikel über die Diskriminierung von Frauen. Niemand konnte sie zum Schweigen verdammen.

Obwohl jemand ihren Lebenslauf gefälscht hatte, wurde Margrith 1972 zur Bundesrichterin gewählt. Empört darüber, dass nun eine Frau auf dem Richterstuhl sass, schnitten sie viele ihrer Richterkollegen. Einer weigerte sich sogar fünf Jahre lang, auch nur mit ihr zu sprechen. Doch das war Margrith egal. Sie hatte Jura studiert und war Anwältin und Dozentin geworden, noch bevor Frauen überhaupt das Stimmrecht hatten. Nun war sie eben die erste Bundesrichterin der Schweiz und hatte Wichtiges zu erledigen.

«Wenn ich daran denke, dass ich mich bereits 1977 im ersten Lohngleichheitsprozess vor Bundesgericht erfolgreich für die Frau ausgesprochen hatte und dass wir heute immer noch keine Lohngleichheit haben, dann macht mich das sehr wütend.»

1971

Emilie Gourd

Die Frau, die für das Frauenstimmrecht kämpfte

1879–1946

1912 trat die junge Emilie Gourd in Genf von der Bühne herab. Sie hatte gerade eine leidenschaftliche Rede für das Frauenstimmrecht gehalten und dafür tosenden Applaus geerntet. Sie war aufgeregt und stolz, denn sie spürte, dass sie ihre Bestimmung gefunden hatte. Sie würde niemals aufhören, für Frauenrechte zu kämpfen.

Schon als junges Mädchen empörte sich Emilie über die Ungleichheiten zwischen Mann und Frau. Sie durfte nicht an der Universität studieren, weil sie eine Frau war. Frauen erhielten für dieselbe Arbeit viel weniger Geld als Männer – und Frauen mussten, wenn sie einmal verheiratet waren, ihre Stelle und ihre Ambitionen aufgeben, um der Familie zu dienen. Emilie fragte sich: Wie würden die Frauen es je schaffen, die Gesetze zu ihren Gunsten zu ändern, wenn sie in der Politik nicht mitreden durften? Damit sich das Leben der Frauen wirklich verändern konnte, brauchte es das Frauenstimmrecht.

Als sie offiziell eine Frauenrechtlerin wurde, dachte ihr Vater, sie sei verrückt geworden! Warum konnte seine Tochter nicht einfach eine ganz normale Frau sein? Er war nicht der Einzige, der so dachte. Viele Menschen machten sich über die Idee des Frauenstimmrechts lustig und fanden, Frauen an der Macht seien schlicht und einfach zu gefährlich. Sie fanden auch, dass Emilie egoistisch sei und wohl nicht richtig ticke. Manche buhten sie aus, wenn sie sprach, andere schrieben ihr böse Briefe.

Aber nichts konnte Emilie aufhalten. Sie schrieb Artikel für Zeitungen und gab ihre Zeitschrift *Die Frauenbewegung* heraus. Sie sammelte Unterschriften für Petitionen und diskutierte mit Parlamentariern. Wenn sie an Veranstaltungen in der Schweiz und im Ausland Reden hielt, begannen ihr selbst die hartnäckigsten Zweifler recht zu geben. Mit jedem ihrer Auftritte wuchs die Zahl der Frauenrechtlerinnen und Frauenrechtler.

In der Schweiz aber war der Weg hin zum Frauenstimmrecht lang und steinig. 1919 gewährten die ersten Länder Europas den Frauen das Stimmrecht. Nicht so die Schweiz. Emilie liess sich nicht entmutigen. Sie fand: «Die Idee funktioniert!» und verfolgte unbeirrt ihr Ziel.

1934 durften die Schweizerinnen immer noch nicht stimmen. Doch Emilies Leidenschaft nahm kein bisschen ab. Sie schrieb: «Da sind wir nun und blicken zurück auf fünfundzwanzig Jahre Kampf für das Frauenstimmrecht. Sind wir traurig oder entmutigt? Überhaupt nicht!»

Sie reiste von Konferenz zu Konferenz und schrieb ermutigende Briefe an ihre Mitstreiterinnen in der ganzen Welt.

1946 war die Schweiz praktisch das einzige europäische Land, in dem die Frauen noch kein Stimmrecht hatten. Emilie war mittlerweile siebenundsechzig Jahre alt und krank, aber nicht weniger entschlossen. Von ihrem Bett aus arbeitete sie weiter bis zu ihrem Tod.

Sechsunddreissig Jahre lang hatte Emilie die Frauenbewegung in der Schweiz angeführt. Sie starb lange bevor die Schweizerinnen endlich 1971 das Stimm- und Wahlrecht erhielten – da wäre Emilie über neunzig Jahre alt gewesen!

Es war genau so, wie Emilie immer gesagt hatte: das Stimmrecht war nur der Anfang. Sie inspirierte Generationen von Frauen, weiter für ihre Rechte zu kämpfen – und die Idee funktioniert immer noch.

Marie Grosholtz

Die Frau mit den lebensechten Wachsfiguren

1761–1850

Marie Grosholtz verbrachte viele Nächte damit, auf dem Friedhof Madeleine in Paris abgetrennte Köpfe einzusammeln. Die Köpfe legte sie in einen Weidenkorb, nahm sie mit nach Hause in ihre Werkstatt, und bevor sie verwesen konnten, bildete sie die Gesichter mit Wachs nach. Es waren die Gesichter von Gefangenen, die mit der Guillotine hingerichtet worden waren.

Madame Tussaud kam als Marie Grosholtz in Strassburg, Frankreich, zur Welt; ihre Mutter war Schweizerin, der Vater Deutscher. Als Maries Papa starb, kehrte die Mutter in die Schweiz zurück, wo sie in Bern als Haushälterin von Philippe Curtius arbeitete. Philippe modellierte menschliche Organe aus Wachs für Medizinstudenten. Marie liebte es, Philippe bei dieser Arbeit zuzuschauen, und drängte ihn, ihr das Handwerk beizubringen. Bereits im Alter von siebzehn Jahren war aus ihr eine talentierte Künstlerin geworden. Mit Maries Hilfe schuf Philippe auch Wachsmodelle der Köpfe von berühmten Zeitgenossen, unter ihnen Voltaire, Jean-Jacques Rousseau und Benjamin Franklin.

Bald darauf lud die französische Königsfamilie Marie nach Schloss Versailles ein, damit sie dort der jüngeren Schwester des Königs Louis XVI. das Wachsmodellieren beibrachte. Acht Jahre später brach die Französische Revolution aus. Die Franzosen hatten genug von der Monarchie, nahmen den König und seine Frau Marie-Antoinette gefangen und verurteilten sie zum Tod durch die Guillotine. Auch Marie sollte enthauptet werden. Man hatte ihr schon die Haare abrasiert, um sie für die Guillotine vorzubereiten. Aber Marie liess sich nicht von der Angst leiten. Um zu «beweisen», dass sie nicht zum Adel gehörte, schlug sie vor, wächserne Todesmasken der geköpften Adeligen zu machen. So rettete sie ihr eigenes Leben. Nacht für Nacht suchte sie auf dem Friedhof nach den Köpfen der enthaupteten Aristokraten, nahm sie in ihrem Weidenkorb mit nach Hause und machte daraus Wachsmodelle.

Als Philippe 1794 starb, hinterliess er Marie seine Sammlung von Wachsfiguren. Wenig später heiratete Marie François Tussaud. Sie hatten bereits zwei Söhne, als Marie sich endlich eingestand, dass diese Heirat ein kolossaler Fehler gewesen war! François verschwendete nämlich all das Geld, das sie mit der Ausstellung ihrer Wachsfiguren verdiente. 1802 zog sie mit ihrem ältesten Sohn und einem Wagen voller Wachsfiguren los und begann eine Tournee in Grossbritannien und Irland. Sie überlebte zwielichtige Geschäftspartner, Schiffbrüche und Brandstiftungen und verweigerte ihrem Mann bald jegliche finanzielle Unterstützung. Siebenundzwanzig Jahre lang reiste sie umher und stellte ihre faszinierenden Wachsfiguren in vielen Ländern aus. Erst spät in ihrem Leben, sie war schon über siebzig, richtete Marie eine Dauerausstellung in der Baker Street in London ein, und die Besucher strömten zu Tausenden zu ihr: Madame Tussauds Wachsfigurenkabinett war geboren.

Als Marie starb, stellten ihre Söhne eine Todesmaske von ihr her. Sie wurde Teil einer ständig wachsenden Wachsfigurenausstellung, die sich zu einem weltweiten Phänomen entwickelte, das immer noch ihren Namen trägt.

Catherine Perregaux de Watteville

Die Frau, die für den Sonnenkönig spionierte

1645–1714

Im Dezember 1689 drangen die bernischen Behörden in das Haus von Catherine Perregaux de Watteville ein und zerrten sie aus ihrem Bett. Sie wurde beschuldigt, eine Spionin zu sein, wurde festgenommen und verhört. Als sie sich weigerte, die Namen ihrer Komplizen zu nennen, hängten ihre Folterer sie an den Handgelenken auf, beschwerten ihre Knöchel mit schweren Steinen, umwickelten ihren Körper mit Kupferdraht, bis sie blutete, und zerdrückten ihre Daumen mit einem Schraubstock. Catherine nannte ihnen laut schreiend erfundene Namen. Das verwirrte die Behörden und machte sie wütend.

Catherine hatte die Menschen schon immer verärgert und verwirrt. Sie verhielt sich nicht wie eine Adelige und schon gar nicht wie eine Frau. Catherine zog das Gewehr dem Nähen vor, wilde Ausritte auf dem Pferd der Stickerei. Sie war eine erfahrene Reiterin und gewann sogar einmal eine Wette, indem sie ein unbezähmbares Pferd zähmte. Sie schoss einem Mann, der sie angegriffen hatte, in die Schulter. Eine Frau, die sie beleidigt hatte, forderte sie zum Duell heraus. Catherine nannte sich selbst eine Amazone und liess sogar ein Porträt von sich malen, auf dem sie als Kriegerkönigin gekleidet war!

Catherine hatte auch eine Leidenschaft für die Politik. Zu jener Zeit regierte Bern das Waadtland mit Gewalt, und ein grosser Teil der Bevölkerung wollte zu Frankreich gehören. Catherine, in Bonmont lebend, war eine von ihnen. Sie träumte davon, Ludwig XIV. – dem schillernden, majestätischen Sonnenkönig – in seiner Armee oder an seinem Hof zu dienen. Doch als sich der Einfluss Ludwigs XIV. über Europa ausbreitete, verlor er in der Schweiz an Popularität. Seine Anhänger riskierten, bestraft zu werden.

Das hielt Catherine nicht davon ab, ihre Träume weiterzuverfolgen, und Anfang 1689 fand sie endlich eine Gelegenheit, Ludwig XIV. zu dienen. Sie wurde zur Spionin für den französischen Botschafter! Sie sammelte politische Geheimnisse über die Berner Regierung und schickte ihm verschlüsselte Nachrichten. Dann aber wurde eine ihrer Nachrichten abgefangen, Catherine wurde verhaftet und gefoltert.

Sie wurde zum Tode verurteilt und auf das Schafott geschleppt, wo der Henker schon sein Schwert bereit hatte, um sie zu enthaupten. Die Kutsche ihres Bruders war bereits in Schwarz gehüllt und für die Fahrt zum Friedhof vorbereitet. Doch Catherine stammte aus einer angesehenen Familie, und in allerletzter Minute änderte der Stadtrat sein Urteil und verbannte sie stattdessen für immer aus dem Berner Gebiet.

Im Laufe der folgenden Jahre schrieb sie ihre Memoiren, die sie dem Sonnenkönig widmete. Den Text musste sie ihrem Ehemann diktieren, da ihr gefolterter Körper und ihre Hände zu gebrochen waren, als dass sie selber hätte schreiben können. Aber sie unterschrieb das Werk, damit alle wussten, dass sie es geschrieben hatte. So bewies sie, dass ihre Folterknechte ihr zwar die Daumen zerquetscht hatten, ihren Geist aber nicht brechen konnten.

«Ich hatte nie eine Vorliebe für Koketterie … dafür aber für grosse und erhabene Dinge.»

Jrène Liggenstorfer

Die Frau, die dicke Brummer fuhr

*** 1955**

Jrène Liggenstorfer wurde wieder mal beobachtet. Fünf junge Männer, lässig an einen Zaun gelehnt, sahen ihr beim Einparken zu. Man sah ihnen an, dass sie Jrène niemals zutrauten, ihren LKW rückwärts einzuparken. Der LKW hatte achtzehn Räder und besass den Umfang eines Blauwals. Doch Jrène schaffte es mühelos.

Mit siebzehn Jahren sass Jrène zum ersten Mal am Steuer eines Lastwagens. Ihr Freund Ueli hatte sie eingeladen, ihn nach Persien zu begleiten. Da konnte sie nicht nein sagen! Unterwegs fragte Ueli sie, ob sie nicht einmal fahren wolle. Jrène lernte schnell und kam schon bald mit dem 18 Meter langen Gefährt zurecht. Sie steuerte es sicher über die steilsten Bergpässe in den entlegensten Ecken der Türkei. 2000 Kilometer legte sie auf dieser ersten Fahrt zurück – ohne Führerschein!

Wieder zu Hause angekommen, begann Jrène eine Ausbildung als Krankenschwester, aber die Tour ging ihr nicht mehr aus dem Kopf. Sie war so vielen interessanten Menschen begegnet und fand das Abenteuerleben grossartig. Wild entschlossen, Fernfahrerin zu werden, bat sie ihren Vater, den Führerschein machen zu dürfen. Da sie noch nicht alt genug war, musste er für sie das Antragsformular unterschreiben. Und als er kurz wegschaute, änderte sie das Formular und bewarb sich gleich für die LKW-Prüfung!

1976 wurde sie zur ersten Schweizer Fernfahrerin. Achtmal fuhr sie die 10'000 Kilometer in den Iran und zurück, stets in Doppelbesatzung mit Ueli. Wenn er müde wurde, übernahm Jrène das Steuer. Es war eine gefährliche Strecke, mit engen und schlecht ausgebauten Strassen. Die Widerstände waren gross: Pannen, unpassierbare Brücken, Sandstürme, Diebstähle und langes Warten an den Grenzen. Es gab noch keine Handys oder GPS, und so taten sich die Fernfahrerinnen und Fernfahrer zu kleineren Konvois zusammen und standen sich alle gegenseitig bei. Einmal, mitten in der Wüste, kam Jrène ihre Ausbildung als Krankenschwester zustatten; sie rettete einem anderen Fahrer, der an hohem Fieber litt, das Leben. Da es kein Eis gab, verdünnte Jrène Alkohol mit Wasser, tauchte ein Handtuch in diese Mischung und benutzte es, um das Fieber zu senken.

1979 machte Jrène ihre erste grosse Fahrt alleine. Als sie abends im Dunkeln ihren Bestimmungsort in Deutschland erreichte, wurde sie plötzlich von zwei wütenden amerikanischen Soldaten überrascht. Jrène hatte versehentlich auf einem amerikanischen Militärstützpunkt geparkt ...

Jrène war regelmässig alleine unterwegs. Über die Jahre musste sie mit vielen Pannen fertigwerden, aber auch mit der italienischen Mafia, die ihren Lastwagen samt Ladung stehlen wollte, mit einem Sprengstoffanschlag und mit einer Lawine, der sie nur knapp entkam.

Von 1990 bis 1996 engagierte sie sich im Wohltätigkeitsverein «Region Thun hilft Rumänien» und transportierte siebzehn Mal Medikamente und Kleidung mit ihrem Lastwagen «Der grüne Engel» nach Rumänien. Ihr Sohn Christian war erst zwei Jahre alt, als er zum ersten Mal die 5000 Kilometer lange Strecke auf dem Beifahrersitz mitfuhr.

2019 ging Jrène in den Ruhestand. Sie war über eine Million Kilometer Lastwagen gefahren – das ist weiter als zum Mond und zurück!

«Bleib neugierig und lerne von jedem, dem du begegnest.»

N
W
E
S

Martina Hingis

Die Spitzentennisspielerin

*** 1980**

Wimbledon, 1997: Die sechzehnjährige Martina war bereit. Wenn sie dieses Spiel gewann, würde sie die jüngste Tennismeisterin des zwanzigsten Jahrhunderts sein. Dafür brauchte sie aber mehr als nur Kraft. Sie musste schlau sein. Es ging nicht nur darum, den Ball über das Netz zu schlagen, wichtig war, wo der Ball landen würde. Sie würde ihre Gegnerin dazu bringen, hin und her zu rennen und dem Ball hinterherzulaufen, bis sie nicht mehr konnte. Martina wusste genau, was sie tun musste, um in Wimbledon zu siegen.

Noch bevor Martina geboren wurde, hatte ihre Mutter ihr Leben schon bis ins Detail geplant: Sie würde Tennismeisterin werden. Martina begann im Alter von zwei Jahren mit dem Tennisspielen. Aufgewachsen in Trübbach, St. Gallen, trieb sie täglich sechs Stunden Sport – davon vier Stunden Tennis – und verbrachte den Rest dieser Zeit mit Radfahren, Schwimmen und Reiten. Jede Sportart beanspruchte ihren Körper und ihr Gehirn auf unterschiedliche Weise.

Das Reiten liebte Martina ganz besonders. Aber nicht nur das. Sie fütterte die Pferde, putzte sie – und kam oft nach Pferdestall stinkend nach Hause. Die viele Zeit, die sie mit Pferden verbrachte, half ihr, sie zu verstehen und eine bessere Reiterin zu werden. Und genau dasselbe tat sie auch beim Tennis. Nach jedem ihrer Matches schaute sich Martina das Spiel nochmals an, um zu verstehen, was sie noch besser hätte machen können.

Mit vierzehn Jahren war Martina bereits ein Tennis-Superstar. Als sie 1997 im Alter von nur sechzehn Jahren Wimbledon gewann, schrieb sie als jüngste Tennismeisterin des zwanzigsten Jahrhunderts Geschichte. Wann immer sie spielte, dominierte sie das Spiel dank ihrer Mischung aus mentaler und physischer Stärke. Sie gilt immer noch als eine der grossen Tennislegenden.

Martina hatte aber als Athletin ihren Körper sehr gefordert – und das hatte Folgen: Mit zweiundzwanzig musste sie wegen Schmerzen aufhören: die Bänder an beiden Knöcheln mussten operiert werden, und sie fand danach nie mehr zur Bestform zurück. Doch weil sie so viele andere Interessen hatte, wurde ihr nie langweilig: «Ich möchte Tennis nur noch hobbymässig spielen und mich mehr auf das Reiten und den Abschluss meines Studiums konzentrieren», meinte sie. Erst 2017 nahm sie wieder an einem Wettkampf teil, danach zog sie sich ganz zurück aus der Tenniswelt.

Heute spielt Martina immer noch Tennis in ihrem örtlichen Klub und trainiert so oft wie möglich. Aber der Sport ist nicht mehr ihr Lebensinhalt. Sie verbringt viel Zeit mit ihren Pferden und ihrer Familie und betreibt ihren nagelneuen Reitstall in Bad Ragaz.

«Ich war nicht so fit oder talentiert wie die anderen Mädchen, also musste ich sie mit meinem Verstand schlagen ...»

Angela Ziltener

Die Frau, die mit Delfinen taucht

*** 1980**

Als Angela elf Jahre alt war, hielt sie einen Vortrag in ihrer Schule: «Wo siehst du dich, wenn du erwachsen bist?» Angela stand auf und sagte: «Ich sehe mich auf einem Boot, als Delfinforscherin.»

Es herrschte einen Moment lang Stille. Dann lachten alle. «Das ist doch unmöglich!», sagte ihre Lehrerin. «Wie willst du denn hier in der Schweiz Delfine erforschen?»

Als Kind in Würenlos, Aargau, führte Angela die Hunde der Nachbarn aus, pflegte ein Pony und schaute stundenlang Naturdokumentationen. Lange bevor sie schwimmen konnte, tauchte sie ihren Kopf unter Wasser, um herauszufinden, was sich unter der Oberfläche befindet – sowohl in der Badewanne als auch im Meer!

In Delfinparks wurde Angela Zeugin der Stärke, Vitalität und Anmut dieser intelligenten Säugetiere. Ihr taten die in Gefangenschaft lebenden Delfine leid, und sie wollte sie unbedingt in freier Wildbahn sehen. Später studierte Angela Biologie und arbeitete für den Walter Zoo in Gossau. Wann immer sie konnte, arbeitete sie ehrenamtlich auf Walbeobachtungsstationen und in Tierheimen auf der ganzen Welt.

Als sie zum ersten Mal im Roten Meer in Ägypten tauchte, sah Angela sofort, dass es ein Paradies für die Delfinforschung war! Sie richtete es sich ein, die eine Hälfte des Jahres in der Schweiz Geld zu verdienen und die andere Hälfte in Ägypten zu leben. Zehn Jahre lang tauchte sie mit Indopazifischen Grossen Tümmlern (Tursiops aduncus) und beobachtete, wie sie schlafen (in Gruppen schwimmend, ein Auge offen, ein Auge geschlossen), wie sie spielen und wie sie miteinander kommunizieren.

Allerdings gab es ein grosses Problem: den Delfintourismus. Immer mehr Touristen strömten ans Rote Meer, um «mit Delfinen zu schwimmen». Jeden Tag wurden Hunderte von Menschen mit Booten hinausgefahren, die ins Wasser sprangen und die Delfine störten. Angela bemerkte, wie sich das Verhalten der Delfine veränderte. Anstatt jeden Tag bis 14 Uhr oder 15 Uhr zu schlafen, wachten sie nun um 11 Uhr auf. Sie tauchten länger, kamen seltener zum Luftholen an die Oberfläche und schwammen in grösseren Kreisen, um den Menschen auszuweichen. Die Delfine waren verängstigt und gestresst. Angela sah, wie der Tourismus dabei war, die Heimat der Delfine zu zerstören.

Also gründete Angela eine Kampagne, um die Menschen über Delfine aufzuklären. Sie sprach mit Reiseveranstaltern, Touristen und Schulen, um sie zu einem respektvolleren Umgang mit der Umwelt zu bewegen. Daraufhin passten viele Touranbieter ihre Aktivitäten an, um delfinfreundlicher zu sein. Angela gründete auch die *Dolphin Watch Alliance,* eine Organisation, die sich für ein besseres Verständnis und den Schutz von Delfinen einsetzt.

Angela beriet die Filmteams für die BBC-Dokumentarfilme *Blue Planet II, Disneynature Dolphin Reef* und *Diving with Dolphins.* In diesen Filmen kann man sehen, wie sie Delfine erforscht – genau, wie sie es als Kind schon vorausgesagt hat.

«Vertraue dir selbst und deinen Stärken, erkunde sie und setze sie um in Tat.»

Tina Turner

Die Königin des Rock'n'Roll

*** 1939**

Wir schreiben das Jahr 1990: Tina Turner beugt sich über die Brüstung des Eiffelturms und blickt auf das weit unter ihr liegende Paris. Jetzt oder nie! Auf ihren High Heels klettert sie über das Eisengeländer, hält sich an den Metallträgern fest und lässt eine Hand los. Sie will aber nicht springen, sondern posiert für ein Fotoshooting für ihr neues Album «Foreign Affair». Mit diesem Album feiert sie ihren Umzug nach Europa und geniesst dabei jede Sekunde.

Tina Turner wurde als Anna Mae Bullock in eine arme amerikanische Familie hineingeboren. Als Anna Mae elf Jahre alt war, verliess ihre Mutter die Familie und zog nach St. Louis. Ihr Vater verdrückte sich, als sie dreizehn Jahre alt war, und liess sich nie wieder blicken. Anna und ihre Schwestern wuchsen bei der Grossmutter auf. In der Schule hatte Anna Mae Mühe; die meiste Zeit hatte sie das Gefühl, einfach nicht gescheit genug zu sein. Später fand sie heraus, dass sie Legasthenikerin war: Deshalb war für sie Lesen schwieriger als für andere.

Anna Mae sang fürs Leben gern und hatte eine kräftige Stimme. Sie sang in der Kirche, an Festen und im Warenhaus, wo Verkäuferinnen ihr Münzen zuwarfen. Im Alter von sechzehn zog sie zu ihrer Mutter nach St. Louis, wo sie Ike kennenlernte. Ike war Musiker und Musikproduzent und erkannte sofort, dass sich mit Anna Mae grosses Geld verdienen liess. Und so verwandelte er Anna Mae Bullock in Tina Turner – ein singendes und tanzendes Phänomen – und überzeugte sie davon, dass sie noch erfolgreicher sein könnte, wenn sie ihn heiraten würde.

Als Tina fast über Nacht zum Star wurde, musste Ike feststellen, dass die Fans kamen, um Tina zu sehen – und nicht ihn. Da übernahm er die Kontrolle über Tinas Geld, damit sie ihm gefügig wurde und ihn nicht verlassen konnte. Zudem gab er ihr die Schuld an seinem ausbleibenden Erfolg und schlug sie häufig.

1976 wurde Tina klar, dass es so nicht weitergehen konnte – sie hatte genug. Mit nur sechsunddreissig Cents in ihrer Handtasche verliess sie fluchtartig ihr Zuhause. Ein Jahr später startete sie eine Solo-Konzert-Tournee.

Aus dem Star wurde ein Superstar. Tina veröffentlichte Alben, spielte in Filmen mit und bekam den Übernamen «Königin des Rock'n'Roll». 1988 kam sie ins Guinness-Buch der Rekorde als die Sängerin, die am meisten Tickets für ein einzelnes Konzert verkaufte. Drei Jahre später wurde sie in die Rock'n'Roll Hall of Fame aufgenommen.

1994 zog Tina Turner nach Zürich. Sie verliebte sich in die Schweiz und beantragte 2013 die Schweizer Staatsbürgerschaft. Für die Einbürgerungsprüfung, die sie mit Bravour bestand, lernte sie sogar Deutsch. Seither ist die Schweiz ihre Heimat.

Im Verlauf der Jahre erlitt Tina Turner einen Schlaganfall, kämpfte gegen Krebs und hatte ein Nierenversagen, aber jedes Mal kam sie mit dem Leben davon.

Das Mädchen, das von ihren Eltern verlassen wurde, in der Ehe durch die Hölle ging und mehrmals um ihr Leben ringen musste, kämpft weiter mit einem Lächeln auf ihrem schönen Gesicht und mit einem Willen, der noch eiserner und beeindruckender ist als der Eiffelturm.

Hélène Rey

Die Frau, die auf ihre Rechte pochte

1819 bis unbekannt

1847 schlug Hélène Rey einen Nachbarn mit einem Stock, schüttete den Inhalt ihres Nachttopfs über dem Kopf eines anderen aus und beschimpfte die Dorfbehörden. Man hatte ihr verboten, ihren Beruf auszuüben, und sie hatte fünf Jahre lang grausame Lügen und Beschimpfungen ertragen müssen. Ihr Leben und ihre Karriere waren ruiniert.

1842 war Hélène Anfang zwanzig, glücklich unverheiratet und hatte sich entschieden, allein zu leben. Sie war unabhängig – in einer Zeit, in der man von Frauen Unterwürfigkeit erwartete. Das machte die Menschen wütend. Einige erzählten Lügen über sie. Manche hassten sie sogar. Der Prior – das Oberhaupt der Religionsgemeinschaft von Val-d'Illiez – war besonders empört über ihre ungewöhnliche Lebensweise. Er beschloss, etwas dagegen zu unternehmen.

Hélène erlernte den Beruf einer Hebamme, damit sie schwangere Frauen betreuen und ihnen bei der Geburt helfen konnte. Der Prior schrieb an die Leiterin der Hebammenschule und bat sie, Hélène von der Ausbildung auszuschliessen. Er behauptete, Hélène gehe nicht in die Kirche, habe eine Beziehung mit einem verheirateten Mann, habe heimlich Kinder bekommen und sogar ein Kind getötet! Er konnte nichts beweisen, ausser dass Hélène nicht an der Messe teilgenommen hatte, aber dennoch erwartete er, dass seine Forderung erfüllt wurde. Er stiess auf taube Ohren.

Wütend ging der Prior zum Staatsrat und bestand darauf, dass man Hélène das Hebammendiplom verweigerte. Doch auch hier konnte der Prior seinen Willen nicht durchsetzen.

Hélène beendete ihre Ausbildung und begann, als Hebamme zu arbeiten. 1844 gab es einen Machtwechsel im Staatsrat. Der Prior nutzte diese Chance und verlangte, dass man Hélène ihr Diplom entzog. Die neuen Regierungsbeamten hörten auf ihn und gewährten ihm seine Bitte.

Nun konnte Hélène nicht mehr als Hebamme arbeiten. Es wurden mehr und mehr Lügen über sie verbreitet. Die Einheimischen beschimpften und bedrohten sie. Aber sie blieb starrköpfig und wehrte sich. Als die Gerüchte immer lauter wurden, verlangte Hélène Beweise für die Anschuldigungen. «Beweist es doch!», sagte sie.

1847 stellten die Dorfbehörden Hélène vor Gericht. Der Prozess dauerte mehrere Monate. Die Dorfbewohnerinnen und -bewohner fuhren fort, Hélène zu belästigen, und ihre Frustration erreichte den Siedepunkt. Sie stritt sich mit ihren Nachbarn und beschimpfte die Behörden. Obwohl es keine Beweise für die Beschwerden des Priors gab, weigerte sich der Rat, Hélène als Hebamme arbeiten zu lassen. Man wollte, dass sie aufgab und wegzog.

Aber Hélène gab nicht auf und zog auch nicht weg. 1848 gab es einen weiteren Regierungswechsel, und Hélène brachte ihren Fall vor den neuen Rat. Es zahlte sich aus! Sie erhielt ihr Diplom zurück und konnte endlich wieder die Arbeit ausüben, die sie so sehr liebte.

«Beweist es doch!»

Angelika Kauffmann

Die weltberühmte Malerin

1741–1807

Angelika verpackte das Ölgemälde, das sie vom berühmten britischen Schauspieler David Garrick angefertigt hatte. Das romantische Gedicht, das er ihr gewidmet hatte, hätte ihre Karriere ruinieren können – aber auf der Leinwand sah er einfach umwerfend aus! Und sie wusste, dass dieses Porträt aus ihr eine Sensation machen würde.

Als das Porträt 1765 in London ausgestellt wurde, wollten es alle sehen. Ein Kunstkritiker gab Angelika den Übernamen «leuchtender Stern». Und so segelte sie zur «Porträthauptstadt der Welt», London, um ein Vermögen zu machen.

Angelika kam in Chur, Graubünden, zur Welt. Schon als Mädchen malte sie Porträts von adeligen Schweizer Familien. Trotzdem konnte sie nicht Berufsmalerin werden: Frauen durften nicht an die Kunstakademie. Sie durften auch nicht die Formen des menschlichen Körpers studieren oder Aktmodelle zeichnen, denn nackte Körper waren für Frauen ein Tabu! Aber wie sonst sollte Angelika die Kunstmalerei erlernen?

Sie musste es sich selbst beibringen. Sechs lange Jahre arbeitete Angelika von früh bis spät und kopierte Gemälde von Raffael und anderen italienischen Meistern. Als sie später fürs Porträtieren bezahlt wurde, schmeichelte sie ihren Kundinnen und Kunden, indem sie sie auf den Bildern attraktiver erscheinen liess, als sie es in Wirklichkeit waren. Das machte sie sehr beliebt, insbesondere bei König Ferdinand von Neapel, der hinter seinem Rücken «König Grossnase» genannt wurde. Er liebte das Porträt, das Angelika von ihm gemacht hatte, weil seine Nase darauf kleiner war als in Wirklichkeit.

In den 1760er Jahren gab es in London zweitausend Porträtmalerinnen und -maler. Die meisten von ihnen waren Männer, und es galt als ungeschriebenes Gesetz: Männer waren die besseren Künstler. Und doch waren Angelikas Kunstwerke unglaublich begehrt. Nach ihrer Ankunft in London schrieb Angelika ihrem Vater: «Ich habe ein paar Porträts gemalt, die haben sich im Nu verkauft!» Um mit der Nachfrage Schritt halten zu können, schaffte sie einmal ein Porträt in nur fünf Stunden – eine Arbeit, für die man normalerweise Tage brauchte!

Auch Königin Charlotte und ihre Freunde liebten Angelikas Arbeit, und so bekam Angelika noch mehr Aufträge. Unterdessen malte sie auch liebliche, szenische Gemälde mit historischen und mythologischen Frauenfiguren. Diese Bilder waren so gefragt, dass sie beschloss, eine Massenproduktion aufzunehmen. In Zusammenarbeit mit Kupferstechern entwickelte sie Techniken, mit denen ihre Werke auf Geschirr, Möbel, Stoff, Decken und Grafiken übertragen werden konnten. Ihr Werk wurde so in ganz Europa und sogar bis nach China verkauft.

Als Frau war Angelika ständig von Skandalen bedroht. Immer wieder schützten sie ihre adligen Freunde, zum Beispiel als David Garrick ein anzügliches Liebesgedicht über sie schrieb – und auch als sie einen Hochstapler heiratete, der vorgab, er sei ein schwedischer Aristokrat.

Alle wollten Angelikas Kunst bei sich zu Hause haben, und sie machte es möglich. Angelika Kauffmann ist eine der erfolgreichsten Künstlerinnen der Geschichte!

Nadia Isler

Die Frau, die Brücken baut

*** 1976**

Als Nadia Isler 2007 zum ersten Mal das Gebäude der Vereinten Nationen in New York betrat, fühlte sie sich so klein wie eine Ameise. Als Schweizer Diplomatin vertrat sie nun die Schweiz in wichtigen Angelegenheiten und sollte mit vielen mächtigen Menschen – mit Botschafterinnen oder Präsidenten – zusammenarbeiten. Ob die ihr überhaupt zuhören würden?

Nadia wuchs in Genf auf und es gab ganz vieles, was sie einmal tun wollte, wenn sie älter sein würde. Sie wollte reisen, viele Menschen kennenlernen, andere Kulturen besser verstehen und einen Weg finden, die Völker der Welt einander näherzubringen.

All dies gelang Nadia! Sie wurde Diplomatin und vertrat die Schweiz bei den Vereinten Nationen und anderen Regierungen. Sie plauderte mit Botschaftern und Präsidentinnen, und obwohl sie anfangs eingeschüchtert war, diskutierte Nadia trotzdem selbst mit den mächtigsten Leuten und wurde mit der Zeit immer selbstbewusster. Sie hatte sich Sorgen gemacht, dass ihr niemand zuhören würde. Aber stattdessen erkannte sie, dass ihre Arbeit ihr eine Stimme gab – und dass sie genau am richtigen Ort war, um dafür zu sorgen, dass auch Menschen mit sehr wenig Macht Gehör fanden. Sie machte es sich zur Aufgabe, die Ungleichheiten auf der Welt, beispielsweise das Elend von Migrantinnen und Migranten und die Not von Frauen, zu lindern.

Menschen verlassen ihre Heimat aus vielen Gründen. Manchmal werden sie gezwungen, umzuziehen, müssen vor Gefahren fliehen oder aber sind einfach auf der Suche nach einem besseren Leben. Oft sind sie arm und haben nach der Migration mit grossen Problemen zu kämpfen. Ihre Kinder müssen häufig hungern und haben keinen Zugang zu Bildung oder zur Gesundheitsversorgung. Obwohl sie ihr Leben verbessern wollen, geht es diesen Menschen am Ende manchmal sogar noch schlechter.

Auch Frauen sind häufig mit sehr schwierigen Situationen konfrontiert. An vielen Orten auf der Welt haben Frauen nicht die gleichen Rechte wie Männer, und so leiden sie am meisten unter Armut und Gewalt.

Als Vertreterin der Schweiz hatte Nadia die Aufgabe, mit verschiedenen Ländern zusammenzuarbeiten, um die Diskussion über Migration und Frauen in den Vereinten Nationen zu beschleunigen – sie gründete dabei sogar eine neue UNO-Agentur für Frauen: UN Women! So wurde sichergestellt, dass das Leiden dieser schutzbedürftigen Menschen von genau denen gehört und diskutiert wird, die die Macht haben, die Situation zu verändern.

Heute arbeitet Nadia für die Vereinten Nationen und verbringt die meiste Zeit in Genf, damit sie nahe bei ihren Kindern sein kann, denn – so wichtig die Arbeit auch ist – ihre Kinder sind ihr genauso wichtig. Sie arbeitet weiter und baut Brücken zwischen Menschen und Ideen, um echte und positive Veränderungen auf der Welt zu bewirken.

«Manchmal hast du das Gefühl, als ob du einen Schritt zurück machen würdest, dabei machst du gerade einen riesigen Sprung nach vorne!»

Manuela Oppikofer

Die Frau, die nicht mehr auf sich herumtrampeln lässt

*** 1990**

Wenn Manuela Oppikofer lesen oder schreiben sollte, tanzten ihr die Buchstaben vor den Augen. Sie konnte sich einfach keinen Reim auf sie machen! Ihr Onkel, ein Lehrer, wurde ärgerlich und nannte sie dumm und nutzlos. Aber Manuela wusste, dass sie nicht dumm war. Doch worin das Problem lag, fand sie nicht heraus.

Manuelas Vater starb, als sie noch nicht einmal ein Jahr alt war. Kurz darauf verliess ihre Mutter Yaoundé, Kamerun, um in der Schweiz zu arbeiten, und verschiedene Tanten und Onkel kümmerten sich um Manuela und ihre Schwester. Allerdings waren sie arm. Wenn ihre Mutter ihnen kein Geld für Essen und die Schulgebühren schicken konnte, hungerten die Schwestern und konnten nicht am Unterricht teilnehmen.

Mit zehn Jahren zogen Manuela und ihre Schwester endlich zu ihrer Mutter in die Schweiz. Es war der glücklichste Tag ihres Lebens! Manuela wusste, dass sie zumindest nie wieder von ihrer Mutter getrennt leben musste.

Doch das Leben in Lausanne war nicht einfach. In ihrer Schule war Manuela eine von nur drei nichtweissen Schülerinnen und wurde wegen ihrer Hautfarbe gehänselt. Ausserdem konnte sie immer noch kaum lesen oder schreiben. Irgendwann entdeckte eine Lehrerin, dass Manuela an Dyslexie, also einer Lese- und Rechtschreibschwäche, litt. Manuela war nicht dumm, ihr Gehirn arbeitete einfach anders. Sobald sie die richtige Unterstützung bekam, verbesserte sich ihre Lese- und Rechtschreibfähigkeit rapide.

Da Manuela Mode liebte, suchte sie nach ihrer Schulzeit eine Lehrstelle in einem Bekleidungsgeschäft. Doch obwohl sie Dutzende von Bewerbungen schrieb, wurde sie nicht einmal zu einem Vorstellungsgespräch eingeladen. Schliesslich fand sie Arbeit als Verkäuferin, wo eine ihrer Kolleginnen sie jedoch beschimpfte und Lügen über sie verbreitete.

Manuela hatte die Nase voll davon, gemobbt zu werden. Sie ging zur Schweizer Armee und absolvierte als einzige Frau neben einundneunzig Männern eine halbjährige Ausbildung. In der Rekrutenschule lernte sie den Umgang mit Schusswaffen, Verletzungen zu behandeln und sich gegenüber ihren männlichen Kollegen zu behaupten. Dabei wurde sie körperlich und mental stärker und selbstbewusster.

Danach kandidierte Manuela beim Miss Earth Contest, einem Schönheitswettbewerb, der sich zudem auf die Fahnen geschrieben hatte, die Welt zu verbessern. Und sie gewann! 2016 wurde sie zur Miss Earth Schweiz gekrönt und engagierte sich als Botschafterin für myblueplanet und Plan International Schweiz. Mit dem Schweizerischen Roten Kreuz unterstützte sie ein junges Mädchen in Ghana vor und während einer lebensverändernden Augenoperation. Dank ihrer Ausbildung bei der Armee konnte Manuela sogar bei der Operation assistieren.

Nun wollte Manuela ihre eigene Chefin sein. Mit ihrem Können und dem Wissen, das sie sich als Miss Earth Schweiz angeeignet hatte, gründete sie eine Coaching-Agentur für Models. Ein eigenes Unternehmen zu leiten, ist zwar nicht immer leicht, aber Manuela gelingt es. Sie führt das Leben, das sie will.

Franziska Dosenbach

Die Frau, die ein Schuhimperium aufbaute

1832–1917

Am 6. Mai 1870 war Franziska Dosenbach in ihrer Kutsche unterwegs nach Hause – sie war gerade Schuhe einkaufen gewesen –, als sie ihrem Diener plötzlich befahl, die Pferde anzutreiben. Sie stand kurz davor, ihr zwölftes Kind zur Welt zu bringen ... und dann wollte sie rasch wieder zurück an die Arbeit.

Anna Maria Franziska Buchmanns Vater starb, als sie noch jung war, und als ihre Mutter wieder heiratete, zog die Familie nach Bremgarten, Aargau. Franziska wurde zur Ausbildung in das nahe gelegene Töchterinstitut Ruepp geschickt. Dort wurde den Schülerinnen die Kunst der guten Haushaltsführung, Französisch und Musik beigebracht. Franziska interessierte sich aber vor allem für Strohgeflecht. Dabei wurde Stroh zu nützlichen Gegenständen wie Hüten und Taschen geflochten und auch zur Dekoration von Schuhen verwendet.

Nach dem Schulabschluss arbeitete Franziska für eine Firma als Einkäuferin von Strohartikeln, die von Heimarbeiterinnen geflochten wurden. Bald war sie in ganz Bremgarten für ihren Geschäftssinn – und ihre Schönheit – bekannt. Sie bekam mehr als nur ein paar Heiratsanträge. 1853 entschied sie sich für Kaspar Dosenbach, den einzigen Sattlermeister in Bremgarten.

1865 besuchte Franziska eine Messe in Zürich und sah dort Stände mit fabrikgefertigten Schuhen aus Deutschland. Sie konnte nicht glauben, wie günstig diese Schuhe waren! Franziska schnappte sich gleich mehrere Dutzend davon und machte sich rasch auf den Weg zurück nach Bremgarten, um in der Sattlerei ein Regal dafür aufzubauen. Damals waren fabrikgefertigte Schuhe etwas Neuartiges und Ungewohntes, und Franziska hatte Mühe, sie an die Leute zu bringen. Sie wollte diese gute Idee jedoch nicht sofort aufgeben, denn sie war überzeugt davon, dass sich mit diesen Schuhen ein gutes Geschäft machen liess.

Sie hielt Ausschau nach Nachrichten über Schuhhersteller, die ihren Warenbestand ausverkauften oder ihr Geschäft aufgaben. Sie kaufte ihnen die Schuhe ab und stellte sie an Messen in der ganzen Schweiz aus. Sie besuchte mehrmals pro Jahr Messen in sechzehn verschiedenen Schweizer Städten und Gemeinden und verkaufte jede Menge Schuhe. Zu dieser Zeit hatte Franziska bereits dreizehn Kinder, half Kaspar in der Sattlerei und leitete ihr florierendes neues Schuhgeschäft.

Die Sattlerei/Schuhmacherei in Bremgarten war bald zu klein, um sowohl Sättel als auch Schuhe zu verkaufen! Franziska erstand deshalb ein Gebäude in Zürich und liess es zu einem schönen Geschäft umbauen. Das Schuhwarenhaus Dosenbach war geboren.

Auch nach Kaspars Tod liess es Franziska nicht ruhiger angehen. Einmal Geschäftsfrau, immer Geschäftsfrau! Bald eröffnete sie ein neues Geschäft in Baden, und so ging es immer weiter. Als sie 1917 starb, hatte sie ein Schuhimperium mit siebzehn Geschäften in der ganzen Schweiz aufgebaut. Dies brachte ihr den Spitznamen Finken-Fränzi ein. Den Schweizer Schuhmarkt kann man sich ohne Dosenbach mittlerweile gar nicht mehr vorstellen!

Susanna Orelli-Rinderknecht

Die Frau, die Kaffeetrinken cool machte

1845–1939

Susanna Orelli-Rinderknecht engagierte sich jahrelang in Zürcher Vereinen, die verkündeten: «Alkohol tötet!» oder «Bier macht dick, dumm und faul!» Sie verteilte Handzettel, die vor den Gefahren des Trinkens warnten, etwa mit Zeichnungen von einem in der Schnapsflasche lauernden Teufel. Doch 1894 entschied sie sich, etwas anderes zu versuchen. Sie fing an, Kaffee zu verkaufen.

Susanna verstand schon von jung auf, dass Alkoholkonsum verheerende Folgen haben konnte. Da gab es den Betrunkenen, der die Scheune ihrer Familie anzündete, den angetrunkenen Nachbarn, der sich erschoss. Und den beschwipsten Stiefbruder, der aus einer Kutsche fiel und starb. Als ihre Schwester kurzfristig in eine Nervenheilanstalt kam, begegnete Susanna dort vielen Menschen, die an Trunksucht litten. Immer wieder beobachtete sie, wie übermässiges Trinken zu Gewalt, Armut, Depression und sogar zum Tode führen kann.

Damals tranken die Leute viel mehr Alkohol als heutzutage. Und obwohl es meistens die Männer waren, die zu viel tranken, war dies auch ein Problem für die Frauen. Betrunkene Männer schlugen viel öfter ihre Frauen und Kinder, oder sie verliessen gar ihre Familien. Übermässiger Alkoholkonsum verursachte so viel Elend, dass sich bald «Enthaltsamkeitvereine» bildeten, die verlangten, dass die Leute mässig oder sogar gar nicht trinken.

Susanna machte eifrig bei diesen Vereinen mit. Allerdings erreichten sie kaum etwas, und Susanna war enttäuscht und entmutigt. Sie sah, dass man das Trinken von Alkohol nicht einfach verbieten konnte, sondern dass es neben Kneipen Orte geben sollte, wo sich die Menschen mit etwas anderem als einem Glas Bier zusammen setzen konnten. Anders als heute war es damals nämlich nicht üblich, sich in einem Café auf eine heisse Schokolade zu treffen!

Susanna tat sich mit einer Gruppe Frauen zusammen und eröffnete eine kleine Kaffeestube, wo die Gäste ohne Alkoholdruck verweilen, einen Kaffee trinken und preiswerte Mahlzeiten einnehmen konnten. Die Kaffeestube war ein Hit, aber Susanna wollte noch mehr tun.

Sie gründete den Zürcher Frauenverein für nichtalkoholische Gaststätten, später bekannt als ZFV. Das ZFV wollte weitere Kaffeestuben eröffnen, hatte aber nicht genug Geld dafür. Also organisierten Susanna und ihre Frauen einen Wohltätigkeitsbasar, wo sie selbst gebackenen Kuchen verkauften und für die Unterhaltung der Gäste sorgten. In zwei Tagen kamen 17'000 Franken zusammen – heute wären das 180'000 Franken!

Das ZFV konnte jetzt viele weitere Cafés, Restaurants und sogar Hotels inner- und ausserhalb Zürichs eröffnen, alle mit alkoholfreien Angeboten. Susannas ungewöhnlicher Kampf gegen den Alkohol wurde anerkannt. 1919 erhielt sie als erste Frau die medizinische Ehrendoktorwürde der Universität Zürich für ihre «Verdienste im Bereich der öffentlichen Gesundheit und des Wohlergehens».

Das ZFV gibt es noch heute, und zwar in der gesamten Schweiz, obwohl inzwischen auch alkoholische Getränke ausgeschenkt werden dürfen.

Und wenn du das nächste Mal in einem Café eine Tasse heisse Schokolade trinkst, dann stoss auf Susanna an!

Iris Bohnet

Die Frau, die Ungleichheiten ausgleicht

*** 1966**

In der Harvard Universität gingen die Studentinnen und Studenten der Kennedy School of Government auf dem Weg zu ihren Seminaren täglich an vielen Porträts bedeutender Männer vorbei. Tatsächlich war jedoch kein einziges Bild einer Frau darunter ... bis Iris Bohnets Kolleginnen dies änderten.

Iris wuchs in Luzern auf, interessierte sich aber für die ganze Welt. Was sie mehr als alles empörte, war Ungleichheit. Ihrer Meinung nach sollten alle die gleichen Chancen haben, und dazu wollte sie ihr Scherflein beitragen. An der Universität entdeckte sie ihr Interesse für die Verhaltensökonomie – die erforscht, wie Menschen Entscheidungen treffen, warum sie Fehler machen und wieso sie ungerecht handeln.

Als Direktorin des «Women and Public Policy-Program» untersuchte Iris 2007, wie Unternehmen, Schulen und Regierungen ihren Beitrag zu einer besseren Gesellschaft leisten können. Das Ziel war, unbewusste Geschlechterdiskriminierung – also eine unterschiedliche Behandlung von Männern und Frauen aufgrund von Vorurteilen und Klischees – zu vermeiden.

In ihren Studien wies sie nach, dass wir alle, ohne es zu wissen, Menschen aufgrund ihres Äusseren unterschiedlich behandeln. Was schwer zu ändern ist, egal ob bei einem Kind oder dem Chef eines grossen Unternehmens. Es passierte sogar Iris selbst, als sie ihren Sohn zum ersten Mal in die Kinderkrippe brachte und ihn dort ein Mann in Empfang nahm. Schockiert entdeckte sie, dass auch sie nicht frei von Vorurteilen war, denn sie hatte in einer Einrichtung für Kleinkinder mit einer Vorstufenlehrerin und nicht mit einem Mann gerechnet.

Ein Beispiel beeindruckte sie besonders. Seit den 1970er Jahren lassen grosse Orchester in den USA die Bewerberinnen und Bewerber hinter einem Vorhang vorspielen, sodass ihre musikalische Performance und nicht ihr Aussehen den Ausschlag gibt. Die Folge ist, dass sie die begabtesten Musikerinnen und Musiker einstellen und der Frauenanteil von fünf Prozent auf fünfunddreissig Prozent hochgeschnellt ist.

Iris schlussfolgerte, dass solch schlichte Lösungen helfen können, eine unbewusste, vom Geschlecht abhängige Beurteilung am Arbeitsplatz oder in der Schule zu vermeiden. Es ist nämlich viel leichter, etwas am Umfeld zu verändern als in unserem Denken. Das beginnt bereits damit, wie eine Stelle ausgeschrieben wird. Will eine Firma Frauen nicht von der Bewerbung abschrecken, sollte sie im Wunschprofil auf Begriffe wie «durchsetzungsstark» verzichten. Und ein anonymes Bewerbungsverfahren hilft, sich auf die Qualifikationen zu konzentrieren, weil so das Geschlecht aussen vor bleibt. Mit Empfehlungen wie diesen half Iris, die Zahl von Frauen in Führungspositionen in kürzester Zeit zu erhöhen.

Auch hat das, was man sieht, grossen Einfluss darauf, was man glaubt oder für möglich hält. Erfolgreiche Frauen, ob in der Wirtschaft oder in der Politik, inspirieren nicht nur Mädchen, sondern ändern die allgemeine Vorstellung davon, was normal ist. So haben viele Institutionen, auch die Harvard Universität, unter anderem auf Iris' Bestreben hin mehr Porträts von weiblichen Vorbildern aufgehängt. Mit grosser Wirkung.

Cécile Biéler-Butticaz

Die erste Schweizer Ingenieurin

1884–1966

Als sie das Diplom der Ingenieurschule in Lausanne in der Hand hielt, wusste Cécile Biéler-Butticaz, dass sie sich glücklich schätzen konnte. Sie war einzigartig, denn sie hatte es geschafft, den Fuss in eine Berufswelt zu setzen, die Frauen weitgehend verschlossen war. Aber Cécile wollte sich nicht bloss glücklich schätzen dürfen. Sie wollte, dass alle Frauen die Möglichkeit erhielten, das zu tun, was sie geschafft hatte. Und das war leider noch nicht der Fall. Cécile würde diese Möglichkeiten erst schaffen müssen.

Als junges Mädchen hatte sie eine gute Ausbildung erhalten und sich für alles interessiert, was mit Technik zu tun hatte. Ihr Vater war Ingenieur – er entwarf Motoren, Maschinen oder Bauwerke wie Brücken oder Tunnel – und genau das wollte Cécile auch. Mit der Hilfe ihres Vaters schrieb sie sich an der «École d'ingénieurs» in Lausanne ein, wo sie Elektrotechnik studierte. 1907 schloss sie als erste Schweizerin ein Studium als Elektroingenieurin ab.

Cécile wusste, dass Frauen nur vorankommen konnten, wenn sie sich gegenseitig unterstützten. Sie wollte ihren Erfolg nutzen, um anderen zu helfen. Bereits zwei Jahre nach ihrem Abschluss gründete sie ihre eigene Ingenieurfirma und beschloss, nur Ingenieurinnen einzustellen!

Ein paar Jahre später heiratete Cécile einen Ingenieur und arbeitete weiter an den verschiedensten Projekten. Eines ihrer grössten Projekte war die zweite Röhre des Simplontunnels, der mehr als zwanzig Kilometer lang ist und die Schweiz unter den Alpen hindurch mit Italien verbindet.

Cécile interessierte sich aber nicht nur für Tunnel und Brücken. Sie war auch eine Mutter und eine talentierte Schriftstellerin. Damals herrschte der Irrglauben, dass das Gehirn einer hochgebildeten Frau vom vielen Denken so abgenutzt war, dass sie auf keinen Fall eine gute Mutter sein konnte! Cécile bewies allen, dass dies völliger Unsinn war. Sie war ihren drei Kindern eine liebevolle Mutter und schrieb darüber hinaus regelmässig wissenschaftliche Artikel in der Jugendbeilage der *Gazette de Lausanne,* Gedichte, technische Fachbücher und Familienratgeber. In Zeitungen äusserte sie sich zu den verschiedensten Themen. Sie hatte so ziemlich zu allem eine Meinung!

Céciles grösstes Ziel war, Frauen beruflich und persönlich zu unterstützen. Zu diesem Zweck engagierte sie sich in zahlreichen Interessensgruppen. Selbst im Alter von fünfundsechzig Jahren half Cécile noch bei der Gründung der Lausanner Sektion einer internationalen Frauengruppe namens Soroptimistinnen. Dort trafen sich Frauen und lernten alles, was sie wissen mussten, um im Beruf Erfolg zu haben.

Cécile war eine treibende Kraft – nicht nur, weil sie eine einzigartige Frau war und Unglaubliches erreicht hatte, sondern weil sie darüber hinaus anderen Frauen half, ebenfalls Grosses zu erreichen.

«Sie war Feministin durch und durch.»

Philippe Biéler, Céciles Enkel

Eveline Hasler

Die Frau, die literarische Denkmäler setzt

*** 1933**

Als Kind hatte Eveline Hasler Geschichten gehört, die sich um eine Frau namens Anna Göldin rankten. Man hatte Anna vor zweihundert Jahren der Hexerei angeklagt, und sie war von einem Gericht in Glarus schuldig gesprochen worden. 1782 wurde sie als letzte Frau in der Schweiz als Hexe hingerichtet.

Eveline war neugierig, was es mit dieser geheimnisvollen «Hexe» auf sich hatte, die in ihrer Heimatstadt Magd gewesen war. Doch egal ob sie ihre Lehrer oder ihre Familie fragte, alle wechselten rasch das Thema. Eveline hatte das Gefühl, als würde man dieses dunkle Kapitel der Ortsgeschichte am liebsten überspringen.

Evelines Eltern hatten sich scheiden lassen, als sie neun Jahre alt war. Man schrieb das Jahr 1942, und in dem winzigen Kanton Glarus war eine Scheidung einfach unerhört – was für ein Skandal! Die Leute tuschelten hinter Evelines Rücken, und mit einem Mal war sie kein normales Kind mehr, sondern «dieses Kind ohne Mutter». Sie wurde zur Aussenseiterin abgestempelt, was nicht schön war, ihr aber die Freiheit gab, anders zu handeln als allgemein üblich. Auch begann sie sich nun für andere Aussenseiterinnen und Aussenseiter wie etwa die geheimnisvolle Hexe von Glarus zu interessieren.

Nach ihrer Schulzeit studierte Eveline in Freiburg und Paris Geschichte und Psychologie, wurde Lehrerin und schrieb mehr als vierzig erfolgreiche Kinderbücher. Doch Anna Göldin ging ihr nie aus dem Sinn, und schliesslich beschloss sie, ein Buch über sie zu schreiben.

Anna Göldin. Letzte Hexe war die erste historische Biografie aus Evelines Feder. Mit anschaulichen Details erweckte sie Geschichte zum Leben und fesselte die Leserschaft. Das Buch schlug ein wie eine Bombe. Indem Eveline die grässliche Geschichte der Hexenjagd in der Schweiz enthüllte, brach sie ein Tabu und stiess damit nicht nur Diskussionen über dieses unbequeme Thema an, sondern inspirierte auch eine ganz neue Generation von Historikerinnen und Historikern. Aufgrund Evelines Arbeit nahm das Gericht in Glarus den Fall Anna Göldin wieder auf und erklärte sie für unschuldig in allen Punkten der Anklage – zweihundert Jahre nach ihrem Tod!

Im weiteren Verlauf ihres Lebens veröffentlichte Eveline noch Dutzende faszinierende Lebensgeschichten von erstaunlichen Persönlichkeiten, die ohne sie dem Vergessen anheimgefallen wären. Sie schrieb über: Emily Kempin-Spyri, die erste Schweizer Juristin mit Doktortitel; Rösy Fäh, eine Schweizerin, die in Frankreich Hunderte jüdischer Kinder vor den Nazis beschützt hatte; Julie Bondeli, die im Bern des 18. Jahrhunderts den Mittelpunkt des kulturellen Lebens bildete; Henri Dunant, den Gründer des Internationalen Komitees vom Roten Kreuz, und viele andere mehr.

Nie scheut sich Eveline, unbequeme Wahrheiten wie soziale Missstände oder schwierige Themen anzusprechen. Und bis heute ist all ihren Geschichten eines gemeinsam: Die Hauptfigur ist immer ein Aussenseiter oder eine Aussenseiterin, wie auch Eveline es einst war – jemand, der es wagte, anders zu sein.

«Nichts interessiert mich so wie Menschen, die wirklich gelebt haben. Denn nichts ist so fantastisch wie die Wirklichkeit.»

Auch diese Person ist sensationell!

Wie wir in diesem Buch gelesen haben, ist jeder Mensch auf seine Weise aussergewöhnlich. Überleg dir, was dich besonders macht, und schreib deine Geschichte hier auf.

Name: __________

Geburtsdatum: __________

Wer ich bin: __________

Meine Geschichte: __________

Auch diese Person ist sensationell. Zeichne ein Porträt von dir!

Danke

Autorinnen und Verleger möchten folgenden Sponsoren danken, deren Grosszügigkeit dieses Projekt ermöglicht hat:

50 Jahre Frauenstimmrecht

Danksagung

Wir danken all den inspirierenden Frauen, deren Geschichten in diesem Buch erzählt werden – sowohl den bereits verstorbenen als auch den lebenden.

Und ganz besonders herzlich danken wir all jenen, die sich die Zeit genommen haben, von uns interviewt zu werden ... und das manchmal mehr als nur einmal.

Ausserdem danken die Autorinnen und die Illustratorin all den hier Aufgeführten für ihre grosszügige Hilfe und Unterstützung:

Gerd, Marlow und Savannah Theurer
Julia und Andy Nigg
Ian, Robin, Hannah und Luca Steed Lehmann
Asier Aguirre
Laurent Hayoz

Laura Burge
Jeanne Darling
Gaby Dickenmann
Renate Diemand
Deborah Egger-Biniores, MSW
Silvia Feniello
Thomas Fischer, Dr. Phil
Paula Freedman
Louise Gooding
Kristine Greenaway
Katarina and Hans-Jörg Gsteiger
Richard Harvell
Katie Hawks
Genevieve Hayoz
Ludwig Heuss
Tracy Hope
Jeannine Johnson Maia
William A. Jordan III.
Thomas und Bettina Keller (Hotel Sunnehüsi, Krattigen)
Simone Kick
Sabine Lorenz
Joy Manné
Sandra Nickel
Elisabeth Norton
Pierre-Henri Parisod
Susan Platt
Kali Resler
Franziska Rogger
Marlene Roth
Monica Rull
Lais Stephan
Harriet Truscott
Nic Ulmi
Melanie Welfing
Ellen Yeomans
Mathilde Girardin Zufferey

sowie der Geneva Writers Group, der Society of Children's Book Writers and Illustrators

und allen, die vor uns zu diesen sensationellen Schweizerinnen geforscht und es uns ermöglicht haben, Informationen über sie zu finden.

Wer wir sind

Alnaaze Nathoo wuchs in Calgary, Kanada, auf. Nach einiger Zeit in Genf und im Waadtland wagte sie es, den Röstigraben zu überqueren, und lebt nun in Zürich. Tagsüber arbeitet sie im Bereich der humanitären Hilfe, nachts schreibt sie Geschichten und Essays, wobei sie ständig auf der Suche nach Inspiration ist. *Basic Training,* ihre Kurzgeschichte im *Quail Bell Magazine,* geht auf die Begegnung mit einer Taube zurück, die sich furchtlos dem Verkehr entgegenstellte, sodass Alnaaze zu spät zur Arbeit kam. Alnaaze reist gern und liebt Erdnussbutter und Nickerchen (allerdings nicht unbedingt gleichzeitig).

Anita Lehmann stammt aus Bern und lebt heute in Cambridge, Grossbritannien. Sie wollte schon immer Schriftstellerin werden, weil sie nichts lieber mag, als funkelnden Geistesblitzen nachzujagen und sie in Geschichten zu verwandeln. Bücher von ihr wurden sowohl in der Schweiz als auch in Grossbritannien veröffentlicht, für ihr neuestes Bilderbuch *Sabber Schlabber Kussi Bussi* war sie für den Deutschen Jugendliteraturpreis 2020 nominiert.

Barbara Nigg stammt ebenfalls aus Calgary, Kanada, lebt aber seit einer Ewigkeit in der Schweiz und betrachtet das Land als ihre Heimat. Sie liest leidenschaftlich gern Gespenstergeschichten, nascht gern M&Ms und bringt Fagur, ihrem Islandpferd, lustige Sachen wie Fussballspielen bei.

Barbara ist Texterin und hat für ein Universitätslehrbuch als Erste über die Geschichte der Biomechanik geschrieben.

Katie Hayoz wurde in den USA geboren, hat jedoch ihr halbes Leben in Genf verbracht. Sie ist eine Nachteule. Wenn bei ihr zu Hause alle schlafen, macht sie es sich heimlich mit einer grossen Schüssel gebuttertem Popcorn und ihren Katzen gemütlich und liest Horrorgeschichten. Ihre Bücher wurden schon häufiger für Preise nominiert, bereits ihr Debüt *Untethered* stand auf der Shortlist für den Mslexia-Fiction-&-Memoir-Preis.

Laurie Theurer ist in Kalifornien aufgewachsen und hatte zwei Jahre lang an einer Schule in Thailand Englisch unterrichtet, bevor sie in die Schweiz zog. Als Kind hatte sie davon geträumt, jede Sprache der Welt zu lernen. Bis jetzt kann sie fünf, sie hat also nur noch ungefähr 6496 vor sich! Ihre *Swisstory: Die verblüffende, blutige und ganz und gar wahre Geschichte der Schweiz* gewann 2020 den International Crystal Kite Award der SCBWI und wurde damit als bestes internationales Kinderbuch ausgezeichnet.

Mireille Lachausse wuchs in der Nähe von Delémont im Kanton Jura auf. Schon als kleines Mädchen wollte sie Illustratorin werden. Wenn sie nicht gerade malt oder zeichnet, spielt sie gern mit ihren Katzen und versorgt im Winter die Vögel in ihrem Garten. Bei einem von Adobe ausgerichteten internationalen Wettbewerb wurde eine ihrer Illustrationen für eine Ausstellung im Munch-Museum in Oslo ausgewählt.